AURÉLIEN AMACKER

JE GAGNE MA VIE AVEC MON BLOG

L' AVENTURE QUI M'A AMENÉ
DE 0 À PLUS D'UN MILLION D'EUROS
DE VENTES SUR INTERNET
TOUT EN VOYAGEANT AUX 4 COINS DU MONDE

MAXIMA
LAURENT DU MESNIL • EDITEUR

Après quelques années comme ingénieur commercial, bien décidé à ne jamais retourner travailler dans un bureau, Aurélien Amacker s'était donné un an pour voyager autour du monde et gagner sa vie avec son blog www.readmeimfamous.com. Six mois plus tard, il perçoit les premiers revenus de son blog tout en ayant voyagé en Pologne, Ukraine, Autriche, Slovaquie et Hongrie. L'année suivante il réalise 500 000 euros de ventes en deux semaines grâce aux techniques de promotion et de diffusion de contenu sur Internet qu'il développe et rationalise.

Depuis, Aurélien Amacker a lancé plusieurs autres blogs à forte rentabilité et il consacre une grande partie de son temps à aider des milliers de personnes à lancer leur activité sur Internet.

Il vit actuellement au soleil, dans une petite ville de Colombie, avec sa femme Lorena.

Vous pouvez joindre l'auteur à aurelien.amacker@maxima.fr

Infos, nouveautés : www.maxima.fr

Suivez-nous sur twitter@maximaediteur

Rejoignez-nous sur facebook.com/EditionsMaxima

MAXIMA
LAURENT DU MESNIL • EDITEUR

8, rue Pasquier, 75008 Paris.
Tél : + 33 1 44 39 74 00 – Fax : + 33 1 45 48 46 88

ISBN : 978 2 84001 786 8

Photos de couverture : Aurélien Amacker, © Kayser Rakotonirainy.

Sommaire

Introduction

Vivre la vie de ses rêves

Rêvez comme si vous alliez vivre éternellement.
Vivez comme si vous alliez mourir demain.

James Dean

Vous en avez marre de vous réveiller tous les matins au son du réveil ? Vous en avez assez de passer vos journées enfermé dans un bureau avec des gens que vous n'avez pas choisis ?
Moi oui.
C'était la vie que je menais il y a encore quelques années mais aujourd'hui on peut dire que les choses ont changé.
Je vis maintenant au soleil dans une petite ville de Colombie et je travaille de chez moi, quand j'en ai envie.
L'an dernier ma société a réalisé près de 400 000 euros de chiffre d'affaires, et j'emploie désormais 3 personnes à temps plein.
Je voyage tous les ans dans plusieurs pays (États-Unis, Brésil, Costa Rica, Colombie) et je peux dire que je vis la vie dont je rêvais il y a quelques années, quand j'étais encore prisonnier dans un bureau.

Alors, qu'est-ce qui a changé entre-temps ?
Suite à un licenciement je suis parti en 2007 en Australie, un peu à l'aventure.

Là-bas j'ai créé une entreprise de vente en porte à porte et j'ai gagné trois fois plus qu'avec mon salaire d'ingénieur tout en voyageant en Australie, en Nouvelle-Zélande, en Chine et au Japon.
C'est à ce moment-là que j'ai découvert qu'il était possible de « déjouer le système » et d'échapper au métro-boulot-dodo.

Pour plusieurs raisons (plus de visa, la crise de 2008 qui a touché l'Australie et fortement réduit l'activité) je suis rentré en France début 2009.
Ayant démarré un blog personnel quand je suis arrivé en Australie, j'avais l'habitude de lire certains blogs français.
C'est comme ça que j'ai découvert que les créateurs de ces blogs arrivaient à gagner plusieurs centaines d'euros par mois avec leur blog, en plus de leur travail.

Pourtant ça n'a pas fait tilt tout de suite.
Il m'a fallu presque deux ans pour comprendre que gagner ma vie sur Internet était la solution pour vivre la vie dont je rêvais : pouvoir travailler où je voulais dans le monde, quand je voulais, et sans avoir de patron sur le dos.

Avec ce livre mon but est de vous épargner des années de recherche et d'errance en vous expliquant comment j'y suis arrivé, et comment des dizaines d'anonymes y sont arrivés aussi.
Que vous soyez un salarié qui aspire à plus de liberté ou un entrepreneur qui cherche à développer son activité sur Internet, vous allez trouver dans ce livre toutes les réponses à vos questions.

Internet est entré dans notre vie il y a relativement peu de temps, mais avec lui, aujourd'hui, les règles pour créer une entreprise ont changé. N'importe qui peut publier un blog, y attirer des visiteurs et ensuite tirer des revenus de ce blog.

Dans ce livre je vais vous montrer comment faire.

PARTIE 1

DE 0 À 1 000 EUROS PAR MOIS AVEC UN BLOG

Le déclic

« Tu es sérieux ? Tu as vraiment fait ça ? »

Cédric me regarde d'un air incrédule au-dessus de sa pizza quatre fromages. Je viens de lui raconter mon expérience de création d'entreprise en Australie.

Il ajoute : « Si tu as vraiment fait tout ça, tu ne devrais pas retourner bosser dans un bureau. »

Nous sommes dans un restaurant du quartier de la Défense. Des hordes de cadres en costume et tailleur sont sorties déjeuner et la salle du restaurant est pleine d'un boucan assourdissant.

C'est la première fois que je rencontre Cédric. J'ai commencé à lire son blog en 2008 alors que je me trouvais en Australie.

Moi aussi j'avais un blog, mais personne ne le lisait (enfin presque personne puisque j'avais moins de 10 visites par jour).

J'avais commencé mon blog www.readmeimfamous.com à mon arrivée à Sydney, au début pour raconter à mes amis et ma famille ma vie en Australie. En fait, presque personne parmi eux ne l'a jamais lu, mais j'y ai pris goût et j'ai continué à écrire sur des sujets divers, notamment mes voyages (pendant mon séjour en Australie je suis allé en Chine, au Japon, en Nouvelle-Zélande et à Singapour) et mes lectures (surtout dans les domaines du développement personnel et de l'entrepreneuriat).

 # Quelle est la différence entre un blog et un site Internet ?

Un blog c'est un site Internet dynamique sur lequel on peut publier facilement de l'information. Les blogs sont devenus tellement puissants que tout le monde a commencé à les utiliser pour être présent rapidement et facilement sur Internet, entreprises en tête. Pour dire les choses simplement, un blog c'est donc un type de site Internet

Je pensais qu'il était impossible de gagner de l'argent avec un blog mais, comme beaucoup de monde, j'aurais bien aimé «mettre du beurre dans les épinards», donc j'ai mis des publicités sur mon blog. Il s'agissait de publicités Google AdSense (un des nombreux services du géant Google), le moyen le plus facile de mettre de la publicité sur son blog.

Vous vous inscrivez sur leur site, vous mettez un petit code sur votre blog et hop ! dans les 15 minutes vous avez des publicités qui s'affichent, normalement en relation avec le contenu de la page.

Vous êtes rémunéré au clic, ce qui fait que chaque fois qu'une personne clique sur une des publicités affichées sur votre blog vous touchez quelques centimes (entre 1 et 20 centimes en général, ça dépend de votre thématique).

J'ai vite réalisé que je ne gagnerais pas grand-chose avec ces publicités puisque je ne récoltais que quelques centimes par jour et qu'au final j'ai totalisé 2,55 euros… en deux ans ! Pourtant, le fait de gagner des clopinettes lors de cette première expérience infructueuse m'a conforté dans l'idée qu'il était impossible de gagner de l'argent avec un blog…

J'ai compris ensuite que c'est justement parce que je pensais que c'était impossible que je n'avais en fait pas vraiment essayé et que j'avais échoué.

Par la suite, quand j'ai eu la preuve qu'il était possible de gagner de l'argent grâce à un blog, j'ai vraiment essayé, et c'est là que mes résultats ont commencé à décoller.

Non seulement je ne savais pas qu'il est possible d'optimiser le placement de ces publicités pour gagner plus avec le même trafic, mais j'ignorais aussi qu'il existe beaucoup d'autres moyens de gagner de l'argent avec un blog.

 # C'est quoi le trafic ?

On parle de trafic pour désigner les visiteurs qui arrivent sur un site Internet.

Pensez au trafic sur la route, là il s'agit un peu de la même chose, sauf qu'il s'agit des autoroutes de l'information ☺ (nom parfois donné à Internet).

C'est en lisant le blog de Cédric (www.businessattitude.fr) et ceux d'autres blogueurs que j'ai pris conscience de cela. À cette époque Cédric gagnait environ 400 à 500 euros par mois avec son blog, en complément de ses revenus de consultant dans l'informatique. Pendant ce déjeuner, j'ai réalisé que ce que je voulais vraiment, c'était **gagner ma vie avec mon blog.**

En fait, dès mon retour en France, fort de mon succès en Australie, je m'étais mis à la recherche d'une idée d'entreprise. À Sydney j'avais rencontré des Français qui faisaient les foires et les marchés et j'avais envisagé plusieurs idées farfelues comme vendre des poulets sur les marchés ou devenir boulanger, c'est dire à quel point je ne voulais pas retourner travailler dans un bureau !

Mais l'investissement nécessaire et le fait que je n'étais pas vraiment passionné par ces métiers m'ont amené tout naturellement à rechercher du travail. Tant et si bien qu'au moment de ce déjeuner, le 28 février 2010, j'étais en négociation avancée pour un poste d'ingénieur commercial dans une société française de logiciels en fort développement (avec évolution l'année suivante sur un poste d'expatrié à Chicago).

Pourtant, en sortant du restaurant, je ne cessais de me dire : « gagner ma vie avec mon blog, en fait c'est ça que je veux faire ». La fourrière avait emporté ma moto mais plutôt que de prendre le métro j'ai décidé de rentrer à pied et j'ai mis trois heures pour revenir chez moi…

Je m'apprêtais à prendre une décision qui allait changer ma vie. Quand je travaillais comme ingénieur commercial avant de partir en Australie j'avais fait du recrutement et j'avais vu comment on traitait les cadres de 40 ans passés (vous savez, quand vous avez encore 25 ans à cotiser pour toucher une retraite pleine…). Je me souviens d'un candidat en particulier. Je cherchais un profil pour une mission dans une banque et j'avais trouvé son CV sur Internet. Je l'avais contacté par email et il était venu pour un entretien préalable. Bel homme, la quarantaine, avec un CV parfait, il m'avait fait une excellente impression. Et je n'avais pas pu m'empêcher de penser « quand j'aurai plus de 40 ans, il est hors de question que je sois obligé de mettre un costume et de traverser la moitié de Paris pour aller me vendre auprès d'un jeune loup tout droit sorti de l'école ».
Lors des réunions du lundi j'avais vu comment on parlait des « quadragénaires »: *« Il y a Jean-Paul X. qui va sortir de mission, il a bientôt 45 ans, lui il faut me le placer coûte que coûte. »*
Pour toutes ces raisons je me disais que le risque c'était surtout de rester salarié et de ne pas chercher à créer ma boîte.

J'ai aussi pesé le pour et le contre. Je me suis dit qu'au pire des cas, si ça ne marchait pas je retournerais travailler comme salarié à la Défense. Je savais que le système de recrutement en France est idiot et qu'on me ferait payer mon initiative (au lieu de récompenser ma prise de risque), mais je pourrais toujours recoller au wagon en trouvant un premier emploi et après deux ou trois ans je pourrais retrouver un salaire égal à celui que touchent ceux qui n'ont jamais pris de risque.

En attendant, j'aurais une belle histoire à raconter à la machine à café ou dans les dîners, et la satisfaction d'avoir essayé de vivre mon rêve.

Le soir même, à 21 heures, la responsable RH de la société où j'avais postulé m'appelle toute excitée : *« c'est bon, j'ai parlé avec la direction et on a eu ce que vous voulez. Avec les primes d'objectifs et les stock-options on a un package à 50 000 euros brut par an »*.
Je lui ai répondu merci mais entre-temps j'ai décidé de partir sur un projet personnel qui me passionne plus.

J'ai décidé de me donner un an pour gagner ma vie avec mon blog et voyager.

Les premiers euros

Le jour où vous lancez une entreprise qui va vous permettre par la suite de faire plus d'un million d'euros de ventes sur Internet en trois ans, vous imaginez peut-être que vos amis et votre famille sont autour de vous en train de vous encourager.
Eh bien non. Il n'y a rien de tout cela.
Ce jour-là, il n'y a personne pour vous soutenir.
D'ailleurs, vous évitez même de parler de votre projet pour ne pas entendre les railleries.
J'ai attendu six mois avant d'annoncer à ma famille ma décision de refuser un travail bien payé (entre-temps ils ont compris d'eux-mêmes ce qui se passait).

J'étais déterminé à réussir donc j'ai pris ce projet de création d'entreprise comme un travail à part entière. Chaque jour je mettais le réveil aux alentours de 9 heures pour commencer à travailler sur mon blog. J'écrivais des articles, je commentais d'autres blogs, je m'informais en lisant des blogs sur le webmarketing.

Aujourd'hui je travaille d'une manière tout à fait différente.
Travailler seul représente un vrai défi. Quand on démarre, on n'a aucune traction. C'est comme de pousser une voiture. Quand elle est à l'arrêt il faut beaucoup d'effort pour la déplacer mais une fois qu'elle a commencé à bouger ça devient plus facile.
Heureusement j'étais déterminé à réussir et à mettre tous mes efforts dans la bataille.

Fort des conseils que m'avait donnés Cédric je me suis inscrit sur plusieurs régies publicitaires.

Les régies publicitaires

Une régie publicitaire c'est une société qui est chargée de mettre en relation des annonceurs (des sociétés qui veulent faire connaître leurs produits) avec des éditeurs (des gens qui ont un blog ou un site Internet).

Avec l'essor des blogs (qui permettent à tout un chacun de publier facilement du contenu sur Internet) des régies publicitaires se sont spécialisées sur ce créneau. Elles proposent à des blogueurs de monétiser, c'est-à-dire de rentabiliser, leur blog en y introduisant de la publicité (il y a plusieurs types de publicité possibles, on va les voir ensemble dans un instant).

Vous vous souvenez de Google AdSense, les publicités que j'avais mises sur mon blog quand j'étais en Australie. Il s'agit aussi d'une régie publicitaire. Mais il y a plein d'autres manières de gagner de l'argent avec un blog.
Ce mois-là, mars 2010, j'ai publié mon premier article sponsorisé par l'intermédiaire d'une régie publicitaire, Ebuzzing.

Le principe est simple : vous écrivez un article sur un produit, vous le publiez sur votre blog et en échange la société vous rémunère pour cela.
J'ai donc participé à une campagne pour la sortie d'un scooter MBK. J'avais simplement reçu un email de la part de Ebuzzing me disant qu'il y avait une nouvelle campagne et que je pouvais y participer.
Vous allez me dire : quel est le lien avec mon blog readmeimfamous.com qui parle de développement personnel ?
La réponse est simple, il n'y en a pas.
Mais en jouant sur l'humour et la transparence j'ai écrit un article qui apportait de la valeur à mes lecteurs.

En fait, quand vous participez à une opération de ce type il y a toujours un « brief » qui est fourni par l'annonceur. C'est un article que vous pouvez recopier tel quel sur votre blog. Beaucoup de blogueurs se contentent de recopier bêtement ce texte et de le publier sur leur blog. Je trouve ça idiot car ça n'apporte aucune valeur pour les lecteurs.
Sachant que je n'avais rien de spécial à dire sur ce scooter j'ai repris le texte du brief en ajoutant des annotations, tournant en dérision ce texte hyper banal et très promotionnel (sans tomber dans le lynchage non plus).

L'article a été validé par l'équipe de Ebuzzing qui s'occupait de gérer la campagne et je l'ai immédiatement publié sur mon blog.
Dans le titre de l'article j'ai précisé qu'il s'agissait d'un texte sponsorisé en ajoutant la mention « article sponsorisé » à la fin.
C'est aussi une manière de respecter mes lecteurs en jouant cartes sur table avec eux.

Ce premier article m'a rapporté 40 euros (payés par la régie après publication).

Avec mes autres gains sur les autres régies j'ai touché au total 84,55 euros en mars 2010 avec mon blog.

Mais il y a d'autres techniques pour rentabiliser un blog avec de la publicité, et parmi elles la vente de liens.

La vente de liens

Il s'agit de placer sur son blog (dans un article ou alors directement sur la page d'accueil) un lien sur lequel le visiteur peut cliquer pour être dirigé vers le site de l'annonceur.

On est rémunéré tous les mois entre 7 et 50 euros pour chaque lien. En général on passe par des régies publicitaires qui font l'intermédiaire entre des sociétés qui veulent faire de la publicité (les annonceurs) et les blogueurs.
Je recommande les régies publicitaires Linklift.fr et Teliad.fr
Mais parfois ce sont les sociétés qui nous contactent directement.

L'avantage c'est qu'on n'a pas besoin que des gens cliquent sur ce lien pour être rémunéré. La somme mensuelle est décidée au départ et n'est soumise à aucune condition.

La vente de liens m'a permis dès le début de toucher plusieurs dizaines d'euros par mois et rapidement je suis monté à plus de 100 euros par mois.

L'avantage pour les annonceurs (les sociétés qui vous payent pour mettre un lien) c'est que ça va améliorer leur positionnement dans les moteurs de recherche et notamment dans Google (le moteur de recherche le plus populaire en français avec plus de 80% des recherches).

Cette pratique est d'ailleurs mal vue par Google (puisque l'objectif visé est de modifier les résultats de Google pour mettre en avant le site des annonceurs) mais en pratique je ne connais qu'un blogueur qui a été pénalisé pour cela: le « Page Rank » (sorte de note accordée à chaque page par Google) de sa page d'accueil est passé de 4 à 0 mais il est ensuite revenu à son niveau de départ et entre-temps le trafic sur son blog n'a jamais cessé d'augmenter.

Voilà pourquoi cette technique pour rentabiliser un blog est peu connue du grand public : les blogueurs et de manière générale les éditeurs de site qui l'utilisent restent discrets pour ne pas s'attirer les foudres du géant Google…

J'avais décidé de publier tous les mois le récapitulatif des gains sur mon blog. J'expliquais combien j'avais gagné, avec quelles méthodes de monétisation, et combien de trafic j'avais eu. Les lecteurs sont friands de ce genre d'information et j'avais en général beaucoup de commentaires sur ce type d'article.
Avec du recul je pense que c'est quelque chose qui a grandement aidé à me faire connaître.
Pourtant, lorsqu'un ami ingénieur m'a demandé combien j'avais gagné avec mon blog le premier mois et que je lui ai dit « 84 euros » il a rigolé.

Moi de mon côté je me disais « si je suis passé de 0 à 80 euros en un mois je pourrais passer à 200, puis 300, puis 500, puis 1 000 euros par mois ».
Avec cet argent je pourrais vivre dans des pays exotiques où la vie est bon marché (j'avais déjà quelques destinations en tête…).

Pour la petite histoire, l'année suivante cet ami a décidé de lancer un site Internet. Je ne croyais pas en son projet car il n'avait aucune idée de la façon dont il allait trouver des clients et ce projet était très lourd et complexe à mettre en place. Quelques mois plus tard il a quitté son travail et après deux ans de développement, deux business plans et une maquette de site… il n'avait toujours fait aucune vente.

Durant la même période j'ai lancé un blog sur la même thématique que lui et, en utilisant les techniques que je vais partager avec vous dans ce livre et en n'y consacrant que peu de temps, j'ai fait 8 000 euros de ventes en 6 mois. Ce n'est pas énorme mais c'est un début et je savais que je pourrais optimiser ce petit business et l'améliorer petit à petit.

Dans les pages qui suivent je vais vous expliquer en détail la méthode que j'utilise pour créer des blogs et les rentabiliser.

Bonus pour les lecteurs du livre
Allez sur http://bloguer.tv/bonus/ pour recevoir:
- le plan étape par étape pour créer un blog rentable (PDF) ;
- une formation complète en vidéo pour créer un blog et le rentabiliser ;
- les interviews en vidéo de nombreux blogueurs qui ont réussi.

Comment percer dans une blogosphère déjà saturée ?

On me demande souvent : est-ce que telle ou telle thématique est saturée ? Si vous vous posez cette question alors j'ai une bonne et une mauvaise nouvelle pour vous.
Je commence par la mauvaise : toutes les thématiques sont déjà saturées ! Prenez n'importe quelle thématique et vous trouverez

des dizaines, des centaines, voire même des milliers de blogs qui en parlent.

Déçu ? Attendez, ne perdez pas espoir car voici la bonne nouvelle : il est tout à fait possible de percer sur une thématique « saturée » !

Il y a un exemple que j'utilise tout le temps pour illustrer cette situation.

Connaissez-vous Michel & Augustin ?

Il s'agit d'une marque qui fabrique et commercialise des produits alimentaires : biscuits, yaourts... Leurs créateurs, Augustin Paluel-Marmont et Michel de Rovira se sont lancés en 2004. En 2013 ils ont réalisé 25 millions d'euros de chiffre d'affaires (vous trouvez leurs gâteaux dans les Monoprix, les TGV et de nombreux autres points de vente).

Est-ce qu'il n'y avait pas déjà des petits sablés et toutes sortes de yaourts sur le marché quand ils se sont lancés en 2004 ?

Bien sûr que si ! Nos parents et nos grands-parents en mangeaient déjà quand ils étaient enfants.

Ces deux entrepreneurs vendent des produits de qualité et ils sont bosseurs, mais ce qui fait leur réussite c'est leur marketing.

Dès le départ ils ont utilisé un marketing original et décalé pour se faire remarquer : ils ont par exemple déambulé dans les rues de Paris ou organisé des dégustations déguisés en vaches. Le packaging de leurs produits est très travaillé : couleurs vives, écriture enfantine, l'histoire du produit est présentée avec humour sur le paquet et ne manquera pas de vous faire sourire.

Là où les géants de l'agro-alimentaire vous vendent un biscuit dont l'expérience client commence quand il est dans votre bouche, Michel & Augustin vous vendent un produit dont l'expérience client commence dans les rayons du magasin, quand vous posez votre regard dessus.

Pratique pour faire la différence au moment où le client prend sa décision !

Ils ont aussi mis en scène leur histoire : deux amis d'enfance qui ont troqué leur costume de cadre pour faire des biscuits et les vendre à leurs amis. Le bouche à oreille a fait son travail et le succès aidant ils ont lancé leur entreprise.

Il faut savoir que les histoires constituent une arme redoutable en marketing. De tout temps elles ont été utilisées pour transmettre des messages et éduquer. Pensez aux fables de La Fontaine, à l'Odyssée d'Homère… De quoi s'agit-il ? D'histoires.
Qu'est-ce qu'on raconte aux enfants comme aux adultes pour les captiver ? Des histoires !
Les gens aiment les histoires. Et les histoires sont un excellent moyen de vous rendre mémorable.
Imaginez que vous êtes à une soirée et que vous rencontrez une personne qui vous raconte comment elle a failli se faire agresser par deux individus dans une ruelle lors d'un voyage au Venezuela. Six mois plus tard il est peu probable que vous vous souveniez du prénom de la personne si vous ne l'avez pas revue entre temps. Par contre, il est plus que probable que vous vous souveniez de son histoire.

Sur votre blog c'est pareil : vous devez raconter une histoire.
Comment faire ? Vous allez voir c'est très simple.

Au cinéma toutes les histoires partent d'un problème.
Au début l'héroïne ou le héros mène sa vie normalement, tout va bien, et ensuite survient le problème :

- elle rencontre l'homme de sa vie mais son mari n'est pas d'accord et il semble qu'il y ait une légère avarie technique (« Titanic ») ;
- il se retrouve seul dans le nord de la France loin de sa famille (« Bienvenue chez les Ch'tis ») ;
- il veut juste toucher son chômage mais se retrouve un peu malgré lui l'auxiliaire de vie d'un tétraplégique (« Intouchables »).

Le reste de l'histoire montre comment le personnage principal résout le problème, et à la fin retourne à sa vie normale (enrichi de tout ce qu'il a appris dans l'aventure qu'il a traversée).

Donc sur votre blog vous pouvez parler d'un projet que vous avez mené à bien (vous avez déjà une expertise dans le domaine), ou d'un défi que vous voulez relever (vous êtes passionné par un domaine et voulez développer une expertise).

Par exemple sur mon blog readmeimfamous.com, lorsque j'ai décidé que j'allais gagner ma vie avec mon blog et voyager, je ne gagnais pas un centime. Mais ce défi est devenu ma carte de visite, les gens ont commencé à me suivre pour voir jusqu'où j'allais arriver et, au final, j'ai coaché des gens pour les aider à faire la même chose (comme le héros, je suis retourné au village et j'ai partagé ce que j'avais appris au cours de mon aventure).

C'est la magie d'Internet : même si vous êtes totalement novice dans un domaine, lorsque vous êtes suffisamment passionné vous pouvez partager votre apprentissage sur votre blog, fidéliser une audience, et vendre votre savoir.

C'est ce que vous allons voir en détail dans la suite de ce livre.

Au début de l'année 2010 j'avais donc trouvé mon histoire, mais ce qui me manquait c'était comment faire passer ce message en quelques mots percutants.

J'avais besoin d'un slogan.

J'y ai réfléchi pendant plusieurs semaines et un jour j'ai eu le déclic : « Un an pour gagner ma vie sur Internet, parcourir le monde et kiffer ».

Ce slogan est clair (on comprend tout de suite de quoi il s'agit), court (13 mots) et surtout il fait une promesse forte au lecteur : je me suis donné un an pour gagner ma vie avec mon blog et voyager, et je vais partager cette aventure avec vous, sur mon blog.
Ceci a beaucoup de valeur car d'une part les gens s'ennuient et d'autre part beaucoup de personnes voudraient gagner leur vie sur Internet mais peu osent se lancer souvent parce qu'elles ne savent pas par où commencer.
Le jour où j'ai trouvé ce slogan j'ai su que j'avais un élément marketing dont je pourrais me servir pendant longtemps.

Je ne me doutais pas qu'il serait la base d'un petit empire que j'allais créer sur Internet…

Devenir 100 fois plus intelligent en trois mois

J'avais gagné mes premiers euros en faisant la connaissance de Cédric. Donc je me suis dit qu'en rencontrant d'autres blogueurs je pourrais apprendre encore plus de choses.

Je prenais contact et je cherchais à rencontrer personnellement à peu près tous les blogueurs qui passaient sous mon radar et qui habitaient en région parisienne.

On se rencontrait pour prendre un verre ou déjeuner et à chaque fois on passait un bon moment. Il y avait de tout : des blogueurs anonymes qui ne gagnaient rien ou seulement quelques dizaines d'euros par mois avec leur blog, des blogueurs influents comme Michael Ferrari du blog espritriche.com, ou encore des entrepreneurs établis qui faisaient plusieurs centaines de milliers d'euros de chiffre d'affaires par an sur Internet, comme Boris le fondateur du site Artdeseduire.com.

Ces rencontres m'ont permis de glaner beaucoup d'informations importantes sur ce qui permettait de gagner de l'argent avec un blog, et aussi sur qui gagnait de l'argent et qui n'en gagnait pas.
Certaines de ces personnes sont devenues des amis et aujourd'hui encore nous sommes en contact et nous partageons nos expériences sur ce qui fonctionne et sur ce qui ne fonctionne pas dans nos business respectifs.
Souvent, après avoir rencontré ces blogueurs, je leur proposais de faire un échange de lien : je mettais un lien vers leur blog sur les pages de mon blog, et en échange ils mettaient un lien vers mon blog sur le leur.
Cela me permettait de récolter des visiteurs supplémentaires, mais aussi d'avoir plus de liens qui pointent vers mon site, donc de gagner plus de visibilité de la part de Google (cette technique a ses limites mais je considère que quand on démarre c'est un moyen rapide et facile d'obtenir des liens vers son blog).

C'est à cette époque que j'ai déjeuné avec Michael Ferrari.
Michael est l'auteur du blog Espritriche.com qu'il a créé en 2007 et qui traite des finances personnelles et des stratégies pour développer son patrimoine.
À ce moment-là, Michael gagnait entre 500 et 1 000 euros par mois avec son blog, ce qui lui avait permis en 2008 de partir vivre un an à Berlin. Il a été une source d'inspiration pour moi quand je vivais en Australie car il faisait la démonstration qu'on pouvait gagner des sommes non négligeables avec un blog en y consacrant un temps limité.

Au printemps 2010 j'ai également fait la connaissance de Frédéric Canevet.
Frédéric est l'auteur du blog conseilsmarketing.fr, un blog bien établi sur le marketing puisqu'il avait plusieurs milliers de visiteurs par jour. Fred était quelqu'un de très occupé parce que son travail

de responsable produit chez un éditeur de logiciels lui demandait beaucoup de déplacements.
Pour le rencontrer il avait donc fallu que je m'inscrive à une sortie sur le site Onvasortir.com et que je le rejoigne dans un bar à Paris (le O'Sullivan's dans le quartier de la Place Blanche) pour une soirée en compagnie d'autres membres du site.
Malgré l'affluence sur son site Fred ne gagnait avec qu'environ 1 000 euros par mois. À mon avis il aurait dû quitter son travail pour se consacrer à temps plein au développement de son blog mais il ne pouvait s'y résoudre.
C'est à cette période qu'avec Boris, l'animateur du blog Artdeseduire.com, ils ont développé une formation qui s'appelait « Bloguer comme un pro ».
Il s'agissait d'une formation en vidéo pour apprendre à créer un blog et le rentabiliser. J'en avais fait la promotion sur mon blog, ce qui m'avait permis de toucher une commission d'affiliation (environ 40 euros).
J'avais entendu dire qu'ils avaient réalisé 6 000 euros de CA au lancement de cette formation, ce qui n'est pas énorme au regard de leur expertise et de leur renommée dans le milieu.

Je ne le savais pas à l'époque mais un an plus tard j'allais totalement exploser ce score avec mes propres lancements…

Lors de cette soirée au O'Sullivan's, Fred m'a appris que c'est Sébastien Night qui avait fait le lancement de la formation « Agir & Réussir » de Olivier Roland. En effet, quelques mois auparavant avait eu lieu un événement notable dans la blogosphère française.
Olivier Roland, l'auteur du blog des-livres-pour-changer-de-vie.fr (créé en 2008) avait lancé sa formation « Agir & Réussir » qui expliquait comment vaincre la procrastination et lancer son entreprise.
Et il avait facturé plus de 100 000 euros de ventes… en 5 jours !

Pour suivre la formation d'Olivier (un module chaque semaine) il fallait payer un abonnement tous les mois pendant 7 mois. Le nombre d'abonnés multiplié par le prix de l'abonnement faisait un chiffre d'affaires de 14 000 euros par mois.
Bien sûr il faut compter les remboursements (il y avait une garantie de satisfaction pendant 30 jours) et anticiper que certains inscrits vont arrêter de payer leur abonnement (quand vous vendez un produit par abonnement tous les mois des gens arrêtent de payer, c'est parfaitement normal).
Mais au final ça faisait un chiffre d'affaires hors norme, avec un produit totalement passif puisqu'Olivier avait enregistré les modules de la formation et qu'il n'avait rien d'autre à faire que de gagner de nouveaux souscripteurs…

Ce lancement avait fait d'Olivier l'un des blogueurs les mieux payés de la blogosphère, un an et demi seulement après avoir lancé son blog !
À ma connaissance, Sébastien et Olivier étaient visiblement les blogueurs ayant le plus de succès de toute la blogosphère française.

À partir de ce moment je me mis en tête qu'il fallait me rapprocher d'eux. Le plus étonnant c'est que je les avais déjà rencontrés tous les deux…

La prise de pouvoir des experts

Retour en 2006.
À cette époque je travaillais en région parisienne comme ingénieur dans une petite société proposant de l'hébergement Internet. Comme beaucoup de jeunes hommes de mon âge, je fréquentais des forums consacrés à « l'art de la conquête du sexe opposé », le plus populaire à cette époque étant frenchtouchseduction.com.

Il s'agissait d'un forum anonyme sur lequel des hommes partageaient leurs anecdotes et leurs conseils sur la façon de séduire les femmes.
Cette occupation peut vous sembler puérile, mais pour le jeune homme qui gagnait bien sa vie que j'étais, sorti du bureau c'était ma préoccupation première. C'est en lisant ces forums que j'ai commencé à m'intéresser au développement personnel avec des livres comme *Influence et persuasion* de Robert Cialdini ou *Comment se faire des amis* de Dale Carnegie.
La lecture de ces livres m'a permis d'améliorer ma communication, de vaincre des blocages avec certains collègues et de travailler plus efficacement (l'administrateur réseau en surpoids qui vous bloque l'accès à certaines ressources critiques pour faire votre travail, il vaut mieux l'avoir dans la poche croyez-moi).
En réalisant ce que la lecture de ces livres m'avait apporté j'ai commencé à envisager la possibilité d'obtenir plus de la vie que ce qu'on m'avait promis avec la délivrance de mon diplôme (à savoir environ 42 ans de métro-boulot-dodo entrecoupés de périodes de chômage).
C'est ce qui m'a poussé à changer de travail fin 2006 pour prendre un poste de commercial… dont j'ai été licencié après quelques mois. Et c'est comme ça que je suis parti en Australie… La suite vous la connaissez.

Grâce à ce forum j'ai rencontré beaucoup de monde. En fait, à cette époque, j'avais déjà la démarche de rencontrer un maximum de personnes pour apprendre à leur contact. C'est de cette manière que j'ai rencontré une première fois Olivier Roland. Il était venu de Lille avec un copain et nous nous étions croisés à Paris. Je dois avouer que je m'étais comporté comme un idiot car j'avais essayé de le tester en le chambrant mais c'était mal le connaître car Olivier est quelqu'un qui a une forte personnalité et il ne s'était pas laissé faire. C'est donc sur une impression désagréable que s'était conclue notre première rencontre.

Quant à Sébastien, il intervenait beaucoup sur le forum en se positionnant comme un expert, en donnant de nombreux conseils et en faisant parler de lui. J'avais compris qu'il prenait ses marques avant de commencer à vendre ses services.
Ils étaient deux sur le forum dans ce cas. Le second était Stéphane Édouard qui a lancé le site spikeseduction.com. Tous les deux ont lancé leur activité courant 2006 en proposant des ateliers dans lesquels ils enseignaient comment séduire à des hommes.
S'étant faits connaître sur le forum ils avaient créé leur propre site sur lequel ils vendaient leurs produits et services.

Techniquement leurs sites étaient des blogs puisqu'ils utilisaient le logiciel Wordpress, un logiciel initialement créé pour faire des blogs et qui est maintenant utilisé majoritairement dans le monde pour créer des sites Internet (à ce jour on estime que 20% des sites dans le monde utilisent Wordpress, et bien qu'il soit gratuit son créateur est maintenant multimillionnaire).

Je dois dire que j'avais un regard très critique sur ces services. Je considérais que pour apprendre à séduire il suffisait d'avoir une démarche active, de lire les forums, de rencontrer d'autres personnes expérimentées et de sortir pratiquer. D'autant plus que ces ateliers et ces séances de coaching étaient proposés à plusieurs centaines d'euros, des prix qui me paraissaient alors aberrants.

Lors d'un passage annoncé de Sébastien à Paris j'ai eu l'occasion de le croiser pendant une petite heure et j'ai été impressionné par son intelligence et son aisance. Il était très jeune et pourtant il avait une attitude posée et positive qui m'avait laissé une bonne impression.

Ayant rencontré Stéphane Édouard à quelques reprises je savais que leurs affaires tournaient bien (la société de Stéphane Édouard réalisait plus de 200 000 euros de CA par an dès la deuxième

année). Mais je gardais toujours un œil critique (et pour dire vrai, un peu jaloux) sur leurs services.
Ce qui a changé ma façon de voir les choses c'est la rencontre avec Julien, un membre du forum de Spikeseduction.com, fin 2008.
Julien avait la trentaine et je ne sais pas s'il sortait d'une relation longue mais le fait est « qu'il était de nouveau sur le marché » et qu'il venait de découvrir la « communauté de la séduction ». Il avait un bon travail dans l'immobilier et visiblement la « conquête du sexe opposé » était devenue la première priorité dans sa vie. Il était très emballé par tout ce qu'il venait de découvrir et il m'a demandé ce que je pensais d'acheter « la totale » chez Spikeseduction, à savoir relooking, atelier et coaching pour plusieurs milliers d'euros.

Je lui ai dit « ne t'emballe pas, fais un atelier si tu veux et ensuite tu verras ».

On s'est revus quelques mois plus tard. Il avait acheté « la totale », refait sa garde-robe, trouvé beaucoup de nouveaux amis et fait plusieurs rencontres. Et il était beaucoup plus heureux. Bref, c'était le jour et la nuit. Je me suis dit « si lui il est content, comment est-ce que je peux penser que ça ne valait pas le coup, ça n'a pas de sens ! ».

C'est cette anecdote qui a changé ma façon de voir « ces nouveaux experts » sur Internet.

Donc, en ce début d'année 2010 je me disais que moi aussi je pourrais bien être payé un jour pour faire du coaching.
Mais dans quel domaine ? Je ne le savais pas encore.
Ce que je savais en revanche c'est qu'il était possible de se faire connaître rapidement sur Internet à partir d'un simple blog, et qu'on pouvait en vivre très bien.

Avec du recul je comprends mieux pourquoi. Grâce à un logiciel comme Wordpress (développé en 2003) on peut maintenant facilement créer son site Internet. Et avec le haut débit on peut facilement publier des vidéos sur son site.
Enfin, avec d'autres logiciels peu coûteux on peut fidéliser une audience et vendre tout type de produits et services sur Internet.

Mais ce que je ne savais pas encore c'est comment j'allais moi aussi prendre part à cette petite révolution…

Mon premier investissement

Lorsqu'on lance une entreprise on a besoin d'acheter du matériel, des fournitures… mais lorsqu'on le fait sur Internet, on a juste besoin d'un ordinateur et d'une connexion Internet (ce dont presque tout le monde dispose de nos jours).

Mais sachant qu'on se vend soi avant tout (sa personnalité, son histoire, son expertise) il peut être intéressant d'investir sur soi pour se vendre mieux.
Dans ma volonté de mettre toutes les chances de mon côté pour réussir j'ai donc commencé à investir dans des formations. À l'époque il y avait un blogueur australien du nom de Yaro Starak qui avait le vent en poupe. Des milliers de personnes visitaient chaque jour son blog entrepreneurs-journey.com (en anglais) et il avait près de 100 000 personnes inscrites à sa liste de diffusion. Il proposait une formation qui s'appelait « Blog Mastermind » et je l'ai achetée pour environ 400 euros.
Pour cette somme on avait accès à un site privé sur lequel on pouvait télécharger les modules de la formation, à savoir des fichiers audio accompagnés de notes au format PDF.
Avec du recul je pense que le contenu n'était pas « extraordinaire » mais on y trouvait toutes les bases du blogging et c'était rassurant

de savoir qu'on était encadré par un expert qui avait de la visibilité et de la crédibilité.

Je n'ai jamais participé à une session de coaching de groupe avec Yaro Starak ni posé une seule question au support mais j'ai écouté attentivement les modules audio et les bonus (des interviews de blogueurs réputés comme par exemple Brian Clark, le fondateur de copyblogger.com). Je me souviens notamment avoir écouté un audio de la formation pendant que j'attendais dans une file d'attente à Pôle Emploi. À cette époque, je faisais les démarches pour avoir le statut d'auto-entrepreneur tout en profitant des derniers mois d'allocations chômage qu'il me restait.
L'achat de cette formation a eu aussi un autre avantage, cette fois-ci indirect. Cela m'a permis de voir de mes propres yeux qu'il était possible de vendre des formations multimédia à plusieurs centaines d'euros là où le marché proposait essentiellement des livres électroniques (souvent appelés « ebooks ») à quelques dizaines d'euros.

J'ai pris conscience que moi aussi je pourrais un jour proposer une formation de ce type et augmenter significativement les gains de mon blog.
Imaginons que je vende une seule formation par mois à 400 euros, cela me permettrait de doubler voire tripler les revenus que je tirais de mon blog.

La suite des événements allait me prouver que j'étais effectivement sur la bonne voie.

Le secret des blogueurs pros

Dans ma quête pour rentabiliser mon blog je suis tombé à plusieurs reprises sur le même conseil : la liste de diffusion (ou newsletter) est le moyen le plus puissant pour rentabiliser un blog. Aujourd'hui, ça me paraît évident, mais pour le novice que j'étais cela semblait curieux.

Des newsletters il y en a sur la plupart des sites Internet, et on a en général toujours la possibilité de s'inscrire pour la recevoir. Mais pourquoi est-ce le meilleur moyen de rentabiliser un blog ?

La réponse est très simple.

Sur un site Internet ou un blog, plus de la moitié des visiteurs ne reviennent jamais. Ils ont trouvé votre blog sur Google ou alors ils ont cliqué sur un lien qui les y a amenés, bref, ils sont sur votre blog à un instant « t ». Vous avez travaillé dur pour les faire venir. Vous avez publié du contenu, établi des partenariats… et tout ça pour les laisser filer ?

Plutôt idiot, non ?

C'est là que la newsletter entre en jeu.

Quand une personne s'est inscrite à votre newsletter vous avez son adresse email et donc la possibilité de la recontacter à volonté. Vous pouvez lui envoyer des emails pour maintenir la relation avec elle, par exemple lorsque vous publiez un article ou une vidéo qui apporte de la valeur.

Mais vous pouvez également envoyer des emails qui vont faire la promotion d'un produit, que ce soit le vôtre ou celui d'un partenaire (auquel cas vous toucherez une commission sur les ventes de ce produit).

La beauté de la chose c'est que même si votre trafic n'augmente pas, tous les jours des gens continuent de s'abonner à votre liste de diffusion et viennent la faire grossir.

Et c'est ça qui vous donne beaucoup de puissance et de contrôle sur la destinée de votre business sur Internet.
Imaginez un peu : vous avez 1 500 personnes sur votre liste. Sur ces 1 500 personnes 150 personnes cliquent sur le lien contenu dans l'email et visitent la page de vente de votre produit. Imaginons que cette page de vente propose un produit à 67 euros et qu'en moyenne 3% des gens qui visitent la page achètent ce produit. Etant donné que 150 personnes visitent la page suite à votre emailing on a donc 150 x 0,03 = 5 personnes qui achètent votre produit à 67 euros soit 335 euros de chiffre d'affaires.

Il y a encore quelques années, pour contacter 150 personnes il fallait imprimer 150 courriers, les mettre sous pli puis payer l'affranchissement.
Les barrières à l'entrée, c'est-à-dire l'accès au marché, étaient élevées pour celui qui voulait vendre à distance. Mais avec Internet et la multiplication de services gratuits ou peu onéreux il est devenu très facile de constituer une liste de prospects pour ensuite leur envoyer des offres et les convertir en euros sonnants et trébuchants.

C'est ce levier qui permet à ceux qui ont suivi mes formations de réaliser en général entre 1 500 et 14 000 euros de chiffre d'affaires lors du lancement de leur produit sur leur blog.
Et c'est ce qui m'a permis de réaliser 500 000 euros de ventes en deux semaines en octobre 2011… Mais je vous en reparlerai plus tard.

En ce mois de juin 2010 le beau temps avait fait son apparition sur Paris et je m'étais donc décidé à mettre en place moi aussi une newsletter sur mon blog.
J'ai donc pris un abonnement à Aweber, un service américain permettant de créer des listes de diffusion et de mettre en place des formulaires de capture d'emails sur son site Internet.

Pour l'utiliser c'est très simple : il vous suffit d'aller sur le site aweber.com et de créer votre compte (il y a une offre d'essai à 1 dollar le premier mois). Vous pouvez ensuite créer votre première liste, par exemple pour les abonnés à votre blog.
Une fois que votre liste est créée il faut que les gens puissent s'inscrire. Pour cela vous avez la possibilité de créer un petit formulaire personnalisé que vous allez pouvoir placer facilement sur votre blog.
Vos visiteurs peuvent alors s'inscrire à votre newsletter, et à chaque fois qu'ils remplissent le petit formulaire sur votre site ils sont automatiquement ajoutés à votre liste dans Aweber, et vous pouvez leur envoyer des emails.
Pour les réfractaires à l'anglais il existe un excellent service similaire en français créé par Sébastien Gourrier : sg-autorepondeur.com

Pour inciter les gens à s'inscrire à ma newsletter j'ai créé une présentation Powerpoint qui s'appelle « Il était une fois Read Me I'm Famous » dans laquelle je racontais mon histoire avec humour (comment je suis parti en Australie, pourquoi je suis rentré et comment j'ai décidé de me lancer pour tenter de vivre de mon blog).
La mise en page était rudimentaire mais le contenu était amusant et un autre blogueur m'a proposé de refaire gratuitement la mise en page. Je me suis donc retrouvé avec un petit guide facile à lire et bien illustré. En s'inscrivant sur mon blog les gens le recevaient immédiatement dans leur boîte mail.
Deux jours après l'avoir mis en place j'ai reçu un email d'une jeune femme qui avait l'avait adoré et qui tenait à me remercier ! C'est le genre d'anecdotes qui font plaisir et qui poussent à continuer.
Par la suite plus de dix mille personnes ont téléchargé ce guide, ce qui fait autant d'inscrits à ma newsletter.

Mettre en place cette newsletter a constitué un petit accomplissement pour moi. Cela représentait un investissement de 20 euros par mois (le coût de l'abonnement au service Abewer) alors que mes revenus étaient encore faibles, et surtout il y avait une petite part d'inconnu. Mais le fait de le faire m'a donné plus de confiance en moi et je me suis senti appartenir à une catégorie privilégiée de blogueurs qui avaient compris comment rentabiliser leur blog.

Chaque jour deux ou trois personnes s'inscrivaient à ma liste. C'était peu, mais c'est cette petite communauté qui allait me permettre de mettre mon business sur orbite quelques mois plus tard.

Le grand départ

Vous vous souvenez que mon idée de départ était de gagner ma vie avec mon blog pour me permettre de voyager ?
J'avais commencé à travailler à temps plein sur mon blog le 1er mars 2010.
En mars j'avais gagné 84,55 euros.
En avril 134,8 euros.
En mai 200 euros.
Et en juin 277 euros.

Jusqu'ici mon plan fonctionnait : tous les mois mes revenus augmentaient et il semblait probable que je parviendrais à gagner 1 000 euros dans les 12 mois.
Il était donc temps de mettre à exécution la seconde partie de mon projet : voyager.
Étant donné que je pouvais travailler sur mon blog depuis n'importe où, l'idée était d'en profiter pour voir du pays !
J'ai rendu le studio que j'occupais rue des Martyrs à Paris le 1er juillet 2010 et je me suis envolé pour Cracovie en Pologne quelques jours plus tard.

Pourquoi la Pologne? À ce moment de ma vie j'avais passé deux ans en Australie où je m'étais rendu compte à quel point les distances étaient ridicules en Europe. J'avais fait plusieurs fois les 1 000 kilomètres qui séparent Sydney de Melbourne en voiture. Quand vous regardez la carte de l'Australie, ça fait juste un petit trait à l'est du pays (il y a 4 000 kilomètres entre les côtes ouest et est de l'Australie).
À titre de comparaison, si vous partez de Paris en voiture et que vous faites 1 000 kilomètres vers l'est, vous arrivez à Prague.

Mon objectif était donc de découvrir l'Europe de l'Est puisqu'à ce moment-là j'avais déjà voyagé en Europe de l'Ouest (Allemagne, Italie, Espagne, Irlande, Suisse, Belgique), sur le continent Américain (États-Unis, Mexique, Venezuela) et en Asie (Japon, Thaïlande, Chine) alors que j'avais totalement négligé cette partie du monde.
Je suis donc arrivé à Cracovie début juillet et j'ai trouvé une auberge de jeunesse près du centre. Je payais environ 9 euros par jour pour un lit dans une chambre de 4 dans laquelle j'étais seul la plupart du temps.
Dans la journée je travaillais sur mes blogs malgré la chaleur (le mercure a grimpé jusqu'à 30 degrés cet été là). Je dis « mes blogs » car j'avais en effet créé entretemps un deuxième blog, webentrepreneurdebutant.fr, un blog dédié au webmarketing, ce qui me permettait de ne parler que de développement personnel sur mon blog principal readmeimfamous.com.
Le reste du temps je sortais avec des personnes rencontrées sur place et je faisais des visites.
La vie était vraiment pas chère, la nourriture était bonne et les gens accueillants. Tout paraissait vraiment facile pour les nombreux étudiants qui vivaient à Cracovie. J'y ai fait la rencontre d'une Slovaque venue passer un week-end avec une amie. Je suis allé la voir en Slovaquie quelques jours à Piestany, une ville

thermale d'où elle était originaire. On a aussi visité Bratislava, la capitale.
Puis des amis tchèques nous ont rejoints et nous sommes partis visiter Vienne, une magnifique capitale à quelques heures de voiture seulement de Bratislava.
Je suis retourné en Pologne mais après un mois je commençais à m'ennuyer et je suis donc parti en Ukraine.
J'ai pris un train de nuit et je suis arrivé à Lviv, une grande ville d'Ukraine proche de la frontière avec la Pologne.
Il faut savoir que quand vous allez en Ukraine vous sortez de l'Europe. Le train a donc fait un arrêt en pleine nuit et des agents de l'immigration ukrainienne sont montés pour vérifier les passeports. Arrivé à Lviv j'ai logé dans une auberge de jeunesse qui était en fait un simple appartement reconverti.

Au début j'étais le seul occupant et il y avait seulement une charmante jeune fille à la réception que j'essayais de séduire. J'ai passé une semaine à Lviv et j'en ai profité pour sortir un peu et dans une boîte de nuit j'ai rencontré deux Ukrainiennes qui m'ont fait visiter la ville. On avait sympathisé et j'avais même envisagé la possibilité de revenir en Ukraine et d'apprendre l'ukrainien.
Dans la journée je continuais à travailler sur mes blogs.
Au cours de cette semaine à Lviv j'ai fait par hasard la connaissance d'un Américain qui voyageait avec sa copine allemande. Il m'a raconté qu'il avait travaillé dans une société qui permettait de rentabiliser des noms de domaine inutilisés.

 # Nom de domaine

Le nom de domaine c'est l'adresse de votre site sur Internet, par exemple monsiteinternet.com

C'est cette adresse qui permet à vos visiteurs de trouver votre site sur Internet.

L'extension la plus connue est .com mais il y en a beaucoup d'autres comme par exemple .fr ou .net

En gros, les gens qui avaient des noms de domaine inutilisés avaient la possibilité de les «parquer» pour afficher automatiquement des publicités lorsque des visiteurs arrivaient dessus. Il pouvait en effet y avoir encore des liens qui pointaient vers ces sites et du trafic qui arrivait dessus.

En mettant de la publicité cela permettait de gagner de l'argent puisqu'une partie de ces visiteurs cliquaient sur des publicités en arrivant sur la page.

Cet Américain me confiait qu'après le rachat de la société où il travaillait il s'était lancé à son compte. Il avait dans son portefeuille plusieurs milliers de noms de domaine qu'il avait achetés et qui lui rapportaient quelques milliers de dollars par mois en publicité. Tout ce qu'il avait à faire c'était un peu de maintenance deux ou trois heures par semaine. Cette activité lui permettait de voyager tranquillement avec sa copine, et il avait planifié d'aller jusqu'à Tchernobyl (sa copine était moins emballée).

Selon lui, Internet était encore le Far West et il y avait plein de techniques de ce style pour gagner de l'argent. Depuis, Google a fermé le service qui permettait de parquer ses noms de domaine et je doute qu'il continue à en vivre, mais cette rencontre m'avait redonné du courage car c'était une preuve supplémentaire qu'il était possible de gagner sa vie sur Internet.

Après cette semaine à Lviv j'ai pris le train pour aller à Budapest en Hongrie retrouver ma mère. Elle a toujours aimé voyager

et nous étions convenus de nous retrouver à Budapest pour fêter mon anniversaire, le 14 août. Le train a roulé pendant une bonne quinzaine d'heures et est arrivé avec plusieurs heures de retard, ça n'en finissait pas !
Je l'ai retrouvée dans un hôtel ou j'avais loué une chambre et pendant trois jours on a arpenté les rues de Budapest, une ville splendide qui témoigne de la richesse passée de l'empire austro-hongrois.
Le soir de mon anniversaire on a dîné dans un petit restaurant en terrasse. J'avais prévu de rentrer en France fin août mais finalement je me suis dit que j'allais revenir plus tôt pour préparer la rentrée.
C'est dans cet hôtel à Budapest que j'ai eu une idée. Il y avait toute une petite communauté de blogueurs entrepreneurs qui était en train de se former en France et il n'y avait pas vraiment de forum de référence pour leur permettre d'échanger et de trouver des réponses à leurs questions.
Il y avait bien plusieurs forums consacrés au webmarketing mais aucun ne collait véritablement à l'était d'esprit de cette petite communauté. C'est à ce moment que je pris la décision de lancer un forum sur mon deuxième blog, webentrepreneurdebutant.fr.

 # Définition : forum

Un forum c'est un site ou une partie d'un site Internet sur lequel des membres peuvent échanger. De la même manière qu'il existe des logiciels pour créer des blogs il existe également des logiciels pour créer des forums. J'ai pour ma part choisi PhpBB, un logiciel gratuit permettant de créer facilement un forum sur son site.

Dès mon retour en France je créais ce forum qui allait devenir un des forums de référence en France sur le webmarketing.

J'avais bien fait de rentrer tôt à Paris, car dès la fin de l'été les événements allaient se précipiter…

1 000 euros en un mois !

En juillet j'avais gagné 347 euros avec mon blog et en août 235 euros. En septembre j'ai découvert le véritable pouvoir de l'affiliation.
L'affiliation permet de faire la promotion d'un produit ou d'un service sur son site et de toucher une commission pour chaque vente réalisée. L'invention du système (sur Internet en tout cas) est créditée au leader mondial du e-commerce, la boutique Amazon.com qui l'aurait mise en place à la fin des années 90.
J'avais utilisé le programme d'affiliation d'Amazon pour toucher quelques euros en recommandant sur mon blog des livres que j'avais lus. J'avais également touché des commissions d'affiliation pour de la génération de contacts. En l'occurrence, il s'agissait de faire la promotion d'un programme d'assurance-vie avec une publicité sur mon blog. Quand un visiteur cliquait sur cette publicité il était redirigé vers une page avec un formulaire d'inscription pour recevoir une documentation et être contacté par un commercial.
À chaque fois qu'un contact s'inscrivait je touchais une commission de 15 euros.

Il existe plusieurs places de marché pour trouver des programmes d'affiliation : je recommande publicidees.com qui est la meilleure pour l'affiliation en France.

L'inconvénient de l'affiliation pour les produits physiques comme ceux que l'on trouve sur une boutique comme Amazon c'est que sur ce type de produits les marges sont faibles et du coup il est difficile pour l'annonceur (= la boutique en ligne) de vous rémunérer fortement. Dans le programme d'affiliation d'Amazon les commissions commencent à 5% et augmentent légèrement avec le volume réalisé. Donc si vous êtes à l'origine de la vente

d'un produit à 20 euros, par exemple un livre ou un DVD, vous allez toucher environ 1 euro de commission.
Si l'on peut toucher quelques euros en recommandant des produits qu'on a testés autant le faire mais clairement ce n'est pas comme ça qu'on peut gagner sa vie.

Heureusement, il existe un autre type de produit qui permet de toucher des commissions d'affiliation beaucoup plus élevées, il s'agit des produits d'information. Ce sont les livres numériques (souvent appelés « ebooks », le plus souvent ce sont des fichiers au format PDF) ou bien alors des formations en vidéo. Ces produits étant des fichiers numériques, une fois le premier exemplaire finalisé (souvent pour un prix de revient minime), leur duplication ne coûte rien et le vendeur réalise une marge brute de 100%.

Généralement ces dépenses sont vite amorties et toutes les ventes réalisées ensuite sont du bénéfice pur, ou plus exactement viennent rétribuer l'auteur du produit pour le temps passé à le créer et le promouvoir.
Du coup, il est possible pour ces vendeurs de donner des commissions d'affiliation beaucoup plus conséquentes.
Sur ce marché, les commissions d'affiliation vont en général de 25 à 50%. Ca veut dire que lorsque vous vendez un produit à 20 euros (un livre électronique par exemple) vous allez toucher de 5 à 10 euros quand vous touchiez 1 euro sur un livre imprimé !

À mon retour de Budapest, mi-août, je suis entré en contact avec Sébastien Night qui avait lancé un blog marketing sous le pseudonyme de Sébastien Le Marketeur Français. À cette époque, il commençait à donner des conférences marketing en webinaire.

Un webinaire c'est une conférence sur Internet. Le mot est la contraction de « web séminaire », un séminaire sur le web. Les gens

s'inscrivent à l'avance et lorsque le webinaire débute ils peuvent se connecter avec un logiciel pour voir et entendre votre présentation.
Je savais que ces conférences étaient un moyen pour Sébastien de lancer une formation. Je me suis donc rapproché de lui et il m'a proposé de faire la promotion de sa formation en affiliation.
Le deal était simple : j'envoyais un email à ma liste d'abonnés pour les diriger vers la page d'inscription à sa conférence. Une fois inscrits à sa conférence ces personnes étaient ajoutées sur sa liste Aweber avec un code indiquant qu'elles étaient venues de ma part. Si ces personnes achetaient la formation de Sébastien suite à sa conférence alors je touchais une commission d'affiliation.
Quelques jours après sa conférence j'ai reçu un appel de Sébastien pour m'informer que j'avais fait une vente !
La commission était de… 500 euros HT !
Ajoutés à mes autres revenus publicitaires ça m'a permis d'arriver à 996 euros de revenus pour le mois de septembre avec mon blog readmeimfamous.com.
Si on ajoute à ça les revenus de mon second blog, webentrepreneurdebutant.fr, avec la publicité et l'affiliation on arrivait à 1 106,76 euros !

J'avais atteint en 6 mois mon objectif de parvenir à 1 000 euros de revenus en un mois sur Internet.
À ce moment-là j'ai compris que pour passer à l'étape supérieure en termes de revenus il me fallait créer mon propre produit.

Je n'avais aucune idée de ce que je pourrais proposer comme produit ni comment faire, mais je connaissais quelqu'un qui avait lancé un produit avec succès, et je connaissais la personne qui l'avait aidée à faire ce lancement.
Il me fallait donc trouver un moyen de travailler avec eux.

PARTIE 2

500 000 EUROS DE VENTES EN 2 SEMAINES

Le jour où j'ai signé le plus gros chèque de ma vie

Résumé des épisodes précédents : Aurélien refuse un boulot bien payé à la Défense et se donne un an pour gagner sa vie avec son blog et voyager. Il commence à gagner des dizaines puis des centaines d'euros par mois sur Internet et se rend compte que deux zigotos ont beaucoup plus de succès que tous les autres blogueurs : il s'agit d'Olivier Roland dont le lancement de la formation « Agir & Réussir » a fait plus de 100 000 euros de ventes début 2010, et de Sébastien le Marketeur Français qui a réalisé ce lancement.

J'ai passé l'été 2010 à me demander comment j'allais me rapprocher d'Olivier Roland et de Sébastien le Marketeur français.

J'avais interviewé Olivier en mai, avant mon départ, et j'avais ensuite publié l'interview sur mon site readmeimfamous.com. Cela m'avait permis de renouer le contact avec lui après une première rencontre au cours de laquelle nous n'avions pas vraiment accroché.

Ce que je voulais, c'était faire partie de leur bande et devenir leur partenaire. Mais j'avais peur qu'ils me voient comme un concurrent et qu'ils m'empêchent d'entrer dans leur groupe.

Il faut savoir que quand on est entrepreneur il faut souvent se faire violence et affronter ses peurs.

C'est pourquoi après mon retour à Paris, fin août je décidais de rentrer en contact avec Sébastien de la même manière que je l'avais fait pour Olivier : en lui proposant une interview.
Je voyais bien qu'il allait lancer sa formation puisqu'il commençait à faire des webinaires, et donc je savais qu'il était en quête de visibilité.
Il a comme prévu accepté ma proposition et nous sommes convenus d'une date quelques jours plus tard pour faire une interview audio par Skype.
Après l'interview on a bavardé un peu et je lui ai dit « je sais que tu as fait le lancement pour Olivier et j'aimerais bien qu'on fasse la même chose pour moi ».
Il m'a répondu « écoute, je ne suis pas contre de te filer un coup de main mais pour une prestation de lancement comme j'ai fait pour Olivier j'ai peur que le budget soit trop important pour toi ».
Ce à quoi j'ai répondu « il se trouve que j'ai de l'argent de côté et que je suis très motivé »

Effectivement, le budget était élevé.

Contractuellement je ne peux pas en dévoiler le montant exact mais disons qu'il s'agissait de plusieurs dizaines de milliers d'euros… pour commencer (soit l'équivalent d'une Renault Clio neuve toutes options).
À ces frais de démarrage s'ajoutaient ensuite une commission sur chaque vente.
La proposition de Sébastien était cependant assortie d'une garantie : si on ne réussissait pas à faire un volume de ventes égal au frais de démarrage, il me remboursait ces frais.

Quelques jours plus tard je recevais par la Poste une proposition de contrat à retourner signée accompagnée du chèque de règlement.

Je me suis retrouvé devant un choix difficile.

À ce jour le plus gros chèque que j'avais fait était de 10 000 euros, pour acheter ma première voiture (d'occasion), et là il me fallait faire un chèque de plus du double, sans avoir quelque chose de concret derrière !
Je demandais conseil à mes amis qui me disaient en substance : « Mais je ne comprends pas, vous allez vendre quel produit ? »
Et je leur répondais à chaque fois « on ne sait pas encore, on va faire un sondage sur ma liste et on va trouver le produit que mes lecteurs veulent ».

Inutile de vous décrire l'expression qui s'affichait sur leurs visages en entendant ma réponse…
Quelques jours plus tard j'en parlais avec Nicolas Lombard, un copain qui avait monté la startup jobteaser.com. il m'avait donné rendez-vous dans les bureaux qu'il partageait à l'époque avec la marque de chaussures Faguo, dans le quartier des petits carreaux à Paris.
C'est en parlant avec lui que j'ai eu le déclic.
Je me suis dit :

- J'ai rencontré Sébastien et il m'a fait une bonne impression. Celle de quelqu'un d'intelligent et de sérieux.
- Pendant mon séjour en Australie il a amené son entreprise de conseils en séduction de 0 à plus de 200 000 euros de CA et il est passé dans plusieurs grands médias.
- Il a fait le lancement de « Agir & Réussir » d'Olivier Roland il y a quelques mois et ça a cartonné.

Qu'est-ce que je pourrais lui demander de plus pour me convaincre de son sérieux ? Monter dans une fusée, partir sur la lune et me faire coucou de là-haut ? Non, sérieusement. Tous les indicateurs sont au vert, maintenant il faut le courage de dire oui.

C'est ainsi que j'ai fait le plus gros chèque de ma vie et que j'ai retourné le contrat signé à Sébastien.

Le montant en était tellement élevé que je décidais de créer mon entreprise rien que pour récupérer la TVA (à ce moment-là j'étais auto-entrepreneur donc je ne pouvais pas récupérer la TVA).
J'ai donc effectué les démarches pour créer ma première société en France en septembre 2010 et on a commencé à travailler sur le projet avec Sébastien.
Je me souviens en avoir parlé avec la directrice de ma banque. Je lui disais qu'on avait signé ce contrat pour faire un gros carton et je sentais bien qu'elle n'était pas convaincue. « Mais si ! On va faire un gros lancement dans quelques mois ». « Tu parles... » semblait-elle se dire...
Un de mes grands regrets c'est qu'elle soit partie avant mon grand lancement. J'aurais tellement voulu qu'elle voit le résultat un an plus tard...

Comment trouver la promesse de votre produit

Par où commencer pour faire un gros lancement de produit ? Par créer le produit ?
Oui et non.

Si vous passez six mois ou un an à développer votre produit dans votre coin vous prenez le risque qu'il ne se vende pas et que vous ayez fait tout ce travail pour rien. Donc, la stratégie que nous avions mise en place avec Sébastien était bien différente : on allait d'abord vendre le produit et ensuite on allait le créer.
Ça peut vous sembler farfelu mais cette manière de faire a été théorisée par des créateurs de startups de la Silicon Valley, Eric Ries et Steve Blank dans leurs livres respectifs[1].

---

1. *Lean startup, adoptez l'innovation continue*, Paris, 2012, et *Le manuel du créateur de start-up, Diateino, 2013.*

C'est donc quelque chose de sérieux puisque c'est la stratégie désormais utilisée pour lancer un service innovant sur Internet (qu'il s'agisse d'un site Internet ou d'une application mobile).
L'idée c'est de faire une version minimale et d'utiliser les retours des utilisateurs pour l'améliorer et en vendre encore plus. C'est totalement contre-intuitif, ça marche du tonnerre, et c'est l'approche qu'on allait adopter.

Seth Godin, un des gourous américains du marketing a dit : *« ne cherchez pas des clients pour vos produits mais cherchez des produits pour vos clients ».*

L'idée c'est de partir d'un groupe de personnes, de leur demander quelle est leur plus grosse difficulté, et ensuite de créer une solution parfaitement adaptée à leurs besoins. Et ça tombait bien car j'avais à cette époque environ un millier d'inscrits à ma newsletter.
On a donc utilisé le logiciel SurveyMonkey.com pour mettre en ligne un sondage et ensuite on a envoyé un lien aux abonnés à ma newsletter pour leur demander d'y répondre.
On leur posait les questions suivantes :

Première page :
- quels sont les principaux objectifs que vous voudriez réaliser ?
- quelle est la plus grande difficulté, ou le plus gros PROBLÈME que vous rencontrez actuellement ? (qu'est-ce qui vous empêche d'arriver à vos fins, et que ressentez-vous à cause de cela ?) ;
- si vous pouviez me poser une question pour atteindre ces objectifs, n'importe laquelle, que serait cette question ? (supposons que je puisse y répondre moi-même, ou interviewer un expert dans le domaine pour vous transmettre sa réponse).

Deuxième page :

- je vais faire de mon mieux pour répondre à ces questions et vous permettre d'atteindre vos objectifs (en faisant si besoin appel à un expert dans le domaine qui vous concerne). À quel rythme préférez-vous utiliser ces conseils ? Préférez-vous un cours complet unique en une seule fois pour vous « booster », ou bien un accompagnement semaine après semaine ?
- je suis en train de mettre sur pied un projet pour répondre aux questions que j'ai reçues et pouvoir vous aider. Quel format vous aidera le plus ?
- si vous pouviez atteindre exactement l'objectif que vous avez indiqué tout à l'heure, combien seriez-vous prêt à investir pour un service qui corresponde exactement à vos attentes et vous aide dans votre objectif ?

Troisième page :

- quelle est votre tranche d'âge ?
- quel est votre secteur d'activité ?
- avez-vous un message à me laisser ? Est-ce que ce que je publie vous a aidé ?

On a eu une centaine de réponses ce qui était suffisant pour comprendre quel était le profil des personnes sur ma liste et ce qu'ils voulaient.

Mais laissez-moi d'abord vous expliquer pourquoi on posait ces questions.

La question « **Quels sont les principaux objectifs que vous voulez réaliser ?** » est très importante car elle va vous indiquer ce que veulent les gens. Nous avions donné une liste de choix possibles mais je vous recommande de toujours proposer des réponses libres (c'est-à-dire de mettre juste une zone de commentaire dans laquelle les gens peuvent taper ce qu'ils veulent).

C'est important car si vous donnez un choix limité de réponses vous pouvez passer à côté d'un thème qui intéresse les lecteurs et auquel vous n'aviez pas pensé.

Ensuite, vous devez analyser les réponses. Notez pour chaque réponse possible le nombre de personnes qui ont répondu. À la fin ça vous donne une carte précise des objectifs que veulent atteindre vos lecteurs.
C'est ainsi qu'on a réalisé que la plupart des gens qui étaient sur ma liste voulaient faire la même chose que moi, à savoir créer un blog et le rentabiliser.

La deuxième question « **Quelle est la plus grande difficulté, ou le plus gros PROBLÈME que vous rencontrez actuellement ?** » est tout aussi importante car elle va vous indiquer les étapes à surmonter pour arriver au résultat désiré et vous renseigner sur les points de souffrance de votre audience.
Il faut savoir que plus votre produit vient soulager une douleur vive et urgente, plus vous allez pouvoir le vendre facilement. Donc, il est important de connaître les points de souffrance de votre audience, surtout parce que vous allez les réutiliser dans votre message de vente.

La question « **Si vous pouviez me poser une question pour atteindre ces objectifs, n'importe laquelle, que serait cette question ?** » permet de savoir ce que l'on doit mettre dans son produit.

- quelles sont les questions que les gens se posent et auxquelles ils ne trouvent pas de réponse ?
- qu'est-ce qui les bloque ?

Si vous proposez un produit d'information ou une formation, vous devez répondre à ces questions restées sans réponse dans l'esprit de votre audience.

Les 3 questions suivantes ont pour objectif de comprendre les attentes des personnes concernant la solution.
Les gens souhaitaient en majorité un accompagnement semaine après semaine (55% des réponses). Concernant le format ils penchaient plus pour un e-book (45%) ou des vidéos (33%).
La majorité des gens étaient prêts à dépenser de 20 à 50 euros pour parvenir à ce résultat (29%) et ensuite 50 à 100 euros (19%).
Honnêtement, ces réponses sur la question du prix n'ont pas une grande valeur parce que les gens ne vous diront jamais ce qu'ils sont véritablement prêts à vous donner si vous leur offrez une solution à leur problème.
Le seul moyen de le savoir c'est de leur proposer d'acheter un produit et de voir s'ils passent à l'action ou non.

Les dernières questions avaient pour objectif de mieux cerner le profil de mes lecteurs. Sans surprise, je découvris que la plupart étaient jeunes (38% avaient 18-25 ans et 31% avaient 26-35 ans) mais que j'avais également une part non négligeable de lecteurs moins jeunes (17% avaient 36-45 ans et 8% avaient 46-55 ans).
On avait maintenant trouvé la promesse du produit : ce serait une formation pour apprendre à créer un blog et le rentabiliser.

Trouvez un titre accrocheur

Maintenant qu'on avait trouvé la promesse du produit il fallait lui trouver un nom. Je suis assez créatif et je me sens en général à l'aise pour trouver des noms de produit. J'avais revu Cédric, le créateur du blog businessattitude.fr, à plusieurs reprises et il avait lancé un guide sur l'investissement dans les parkings. En effet, quelques mois auparavant il avait investi dans un parking et il avait fait une belle affaire. Il avait raconté son investissement sur son blog et une de ses lectrices lui avait suggéré l'idée d'écrire un guide sur le sujet. Il cherchait un titre

pour son guide (un livre électronique au format PDF) et il m'avait parlé de « Parking Business ». Je lui avais dit que ça ne sonnait pas très bien et qu'étant donné que son blog s'appelait « Business Attitude » pourquoi ne pas l'intituler « Parking Attitude » ?
C'est ainsi qu'il a lancé sur son blog son premier produit qui allait devenir un grand succès (plusieurs dizaines de milliers d'euros de ventes, pas mal pour un guide à quelques dizaines d'euros !).

Le problème c'est que quand il s'agit de soi on a toujours plus de mal à prendre du recul.
Pour trouver le nom de mon produit on a donc fait un brainstorming avec Sébastien : il m'avait demandé de trouver au moins 10 noms pour le produit et de les lui envoyer. Ensuite il en ajoutait 10 et ainsi de suite. Je peux vous dire qu'après une vingtaine de noms on rentrait dans le domaine du farfelu !
On hésitait entre « Bloguer et Gagner » et « Blog business » mais un blogueur m'avait dit que « Blog Business » faisait penser à un produit qui s'adresserait uniquement aux professionnels.
Comme on comptait cibler aussi les particuliers on a donc opté pour « Bloguer Gagner ».
J'ai consulté quelques blogueurs pour leur demander leur avis et tous avaient un avis positif sur cette idée donc c'est celle qu'on a retenue.

 # La recherche du nom

Quand vous cherchez un nom pour votre produit n'essayez pas de faire dans le jeu de mot. Il faut que le bénéfice soit clair et évident pour tout le monde. Et plus précis est le bénéfice, plus crédible sera votre promesse.

Autre chose, pour réussir sur Internet ne cherchez pas à faire parfait.

Prenez des décisions, avancez et testez, c'est comme ça que vous apprendrez le plus.

On a donc décidé d'intituler « Bloguer Gagner » ma future formation en vidéo pour apprendre à créer un blog, à le promouvoir et à le rentabiliser.

Maintenant qu'on avait le nom du produit, tout ce qu'il me restait à faire c'était d'imaginer le plan de ma formation.
Pour cela il a fallu me creuser la tête pour réfléchir à la façon d'amener de parfaits débutants à créer un blog, à le faire connaître et à le rentabiliser.
J'ai donc créé un plan en 10 étapes permettant d'arriver au résultat final.

Maintenant qu'on avait « l'emballage du produit » et le plan de la formation il ne restait plus qu'à la vendre pour valider son potentiel économique.

Les premiers 10 000 euros

Le premier lancement a été rock'n roll. On avait convenu de faire un lancement par webinaire. Comme je n'avais jamais fait ça on a décidé de le faire sous forme d'interview. Sébastien allait m'interviewer et à la fin on présenterait mon programme.
On a donc annoncé l'événement sur mon blog et sur ma newsletter et les gens ont commencé à s'inscrire.
Pour le webinaire on utilisait le logiciel Gotowebinar disponible sur le site gotomeeting.com (le logiciel est payant mais il est possible de l'essayer gratuitement le premier mois).
L'événement était programmé un samedi après-midi à 14 heures.
Sébastien avait préparé une petite présentation Powerpoint avec les points principaux et il m'a interviewé pendant une bonne

heure sur mon histoire, mon parcours et ce que j'avais appris au cours de cette aventure.
Après l'interview il a annoncé que j'allais lancer un programme d'accompagnement pour les personnes qui voulaient également créer un blog et le rentabiliser.
On avait préparé des transparents powerpoint qui présentaient les 10 modules du cours et ce qu'ils allaient apporter aux clients.

Quand vous vendez un produit d'information vous vendez avant tout une transformation, donc il est important pour chaque étape de décrire aux gens ce qu'elle va leur apporter.
Par exemple: «à la fin du module 2 vous aurez votre blog Wordpress installé et prêt à démarrer».

Pour augmenter la valeur de notre proposition on avait décidé d'offrir également l'installation du blog Wordpress, une prestation d'une valeur de plusieurs centaines d'euros lorsqu'elle est facturée par un prestataire.

Je dois dire que j'étais particulièrement fébrile. C'était une sensation inconfortable que j'allais ressentir de nombreuses autres fois dans les années à venir.

C'est Sébastien qui a présenté le programme et fait la vente à la fin. Presque 3 heures après le début du webinaire on avait terminé et ce jour-là on a fait 3 ventes.

On avait décidé de fixer le prix de ma formation à 497 euros pour son lancement, ce qui faisait 1 491 euros de chiffre d'affaires.
Malheureusement, Je ne me souviens plus du nombre de personnes connectés au webinaire (le logiciel l'indique pendant la conférence) mais vu le nombre de ventes je pense qu'il devait y avoir 70 personnes présentes. C'est un paramètre important car en fin de compte il faut diviser le nombre de ventes par le nombre

de personnes présentes au moment de la vente pour connaître le taux de conversion.
En l'occurrence, le taux de conversion était à peu près de 3/70 = 4,2%, un ratio tout à fait acceptable pour un produit à 500 euros.

Quand j'ai vu l'argent qui était tombé sur le compte Paypal (voir l'encadré) j'ai été pris d'une joie immense.

Ça avait marché ! Des gens avaient acheté le produit que j'avais proposé ! 1 500 euros représentaient pour moi une très belle somme à l'époque !

> Paypal est un service créé en 1998 qui permet de payer facilement et de manière sécurisée sur Internet.

J'avais prévenu les gens qu'ils auraient accès au produit à partir du lundi suivant. Le dimanche matin j'ai donc pris mon trépied et ma caméra et je suis allé dans un parc près de chez moi tourner deux vidéos d'introduction pour ma future formation.

J'ai travaillé tout le week-end pour préparer la partie privée du site, réservée à la formation (un blog Wordpress avec des extensions spécifiques pour restreindre l'accès aux clients), et y proposer les vidéos que j'avais tournées.
Le montage des vidéos en particulier était vraiment l'enfer car c'était la toute première fois que je faisais ça et je dois dire que j'étais totalement largué !

Le lundi est arrivé et j'ai envoyé leurs codes d'accès aux trois premiers clients.
Il fallait faire vite car nous avions prévu de faire un autre webinaire, plus conséquent cette fois, le dimanche suivant.

Pourquoi le dimanche ? En fait le samedi après-midi s'est avéré le pire moment de la semaine pour ce genre de rendez-vous, et pour vendre, car les gens sont souvent dans les boutiques après avoir passé la semaine au bureau.

Sébastien avait convaincu Olivier Roland de faire la promotion du webinaire sur sa liste de diffusion et des centaines de personnes s'étaient inscrites.
Il avait ensuite fallu imaginer une nouvelle présentation Powerpoint car le format allait être différent. Cette fois-ci je serai seul au micro et Sébastien ne serait présent qu'en coulisses pour me coacher et filtrer les questions des participants.

Ma présentation Powerpoint était en gros un survol du cours que j'avais créé. Cela m'avait demandé beaucoup de temps pour la préparer car ce n'est vraiment pas mon truc. Ça ne paraît pas mais c'est fou le nombre de tâches techniques que requiert ce type d'activité. J'étais dans un rush constant pendant toute la semaine, car, en parallèle, je continuais à publier sur mon blog.
Sur les conseils de Sébastien, on avait aussi diffusé des communiqués de presse et j'avais été contacté par le journal de ma ville qui m'avait interviewé.

Le jour J est arrivé. On a encore travaillé toute la journée pour être prêt le soir à 18 heures. Je pense qu'il y avait plus de 200 personnes connectées. Sébastien me passait les questions intéressantes et me poussait à avoir la pêche au micro.

C'est amusant quand je vois tout le chemin parcouru en si peu de temps. C'est ça que j'aime dans ce métier « d'expert ». Le travail de base c'est d'être devant son écran mais on est aussi amené à rencontrer des gens, des partenaires, à voyager, à parler sur scène. C'est quand même un travail extrêmement varié et enrichissant.

Et surtout, on est libre. Pas de patron. Pas de collègue. Pas de trajet pour aller au travail le matin.
On bosse de chez soi ou depuis une terrasse de café.
Bref, le jeu en vaut la chandelle.

Ce jour-là j'ai donné du contenu pendant une bonne heure et demie et ensuite j'ai attaqué la vente avec la présentation de mon programme.
Quand vous terminez la partie présentation et qu'ensuite vous passez à la partie vente vous avez clairement une boule au ventre mais c'est comme ça que le métier rentre.
J'ai présenté mon produit en incitant les gens à s'inscrire et ensuite j'ai répondu aux nombreuses questions.

Quand j'ai terminé le webinaire et que j'ai consulté le compte Paypal je n'en croyais pas mes yeux !
Plus de 6 000 euros étaient tombés sur le compte pour un montant total de ventes qui allait atteindre 9 528 euros (9 ventes à 497 euros et 6 ventes à 2 × 297 euros).

J'étais comme un fou !
J'avais envie de sortir dans la rue et de hurler ma joie ! (Mais à 22 heures ça aurait été un peu déplacé…)
Tout ce travail était récompensé !

Une fois passé ce moment d'euphorie il a fallu revenir à la réalité. J'avais maintenant une vingtaine de clients qu'il me fallait satisfaire. Rien n'était automatisé à l'époque et il fallait que je contacte chaque client pour lui envoyer ses accès à la formation.

Mais surtout, il fallait que je crée le contenu ! Chaque semaine je devais ajouter un nouveau module en vidéo auquel les membres avaient accès automatiquement.

J'avais prévu de faire 10 modules donc il y en avait pour 2 mois et demi.

Le lendemain je me levais tôt pour avancer sur ce projet qui s'annonçait plutôt bien.
Je pouvais partir au soleil l'esprit confiant.

Premier hiver au soleil

J'étais rentré à Paris en août et l'envie de repartir me démangeait sérieusement. J'avais fait un voyage au Mexique en 2006 qui m'avait enchanté et je m'étais mis à l'espagnol.
En Australie j'étais sorti avec une Colombienne et c'est comme ça que j'avais réalisé que la Colombie malgré sa réputation avait beaucoup changé ces dix dernières années et présentait maintenant une très belle opportunité pour un voyageur comme moi.
La sécurité s'était nettement améliorée et partout sur les forums les voyageurs recommandaient ce pays pour l'accueil des gens, la diversité des paysages et bien sûr, la beauté des femmes !
J'avais donc pris mon billet pour Bogota et je partais le 3 novembre.
J'avais prévu de partir 4 mois.

À mon arrivée je fus hébergé par la famille de mon ex-copine colombienne en Australie. Ils sont venus me chercher à l'aéroport et ils m'ont hébergé quelques jours, le temps pour moi de prendre mes repères.
Dès le premier week-end on est partis dans leur *finca* (maison de campagne) et j'ai pu me rendre compte à quel point les Colombiens étaient gentils et hospitaliers.
Bogota est la capitale de la Colombie et elle est située à 2 600 mètres d'altitude. Étant donné que le pays est près de l'équateur et doté d'un climat tropical, il fait donc à Bogota entre 17 et 19 degrés toute l'année. Mais la Colombie est un pays très

montagneux et la température dépend de l'altitude à laquelle vous vous trouvez. S'il fait 18 degrés à Bogota, il fait plus de 30 degrés toute l'année sur la côte.

La semaine suivante j'ai emménagé dans une auberge de jeunesse dans le quartier historique du centre de Bogota, « la Candelaria ». Très vite je sympathisais avec la patronne d'un petit boui-boui dans lequel j'allais pour prendre des cafés et manger. J'étais à la recherche d'un logement plus stable et c'est en passant dans l'avenue Jimenez en bas de la Candelaria que j'ai vu un panneau pour des appartements à louer.
Le prix était de 700 000 pesos colombiens soit 300 euros par mois pour un appartement de 2 pièces et d'environ 40 mètres carré. J'en louais un et deux semaines après mon arrivée en Colombie j'avais mon appartement.

J'ai une nostalgie énorme quand je repense à cette époque. Quelle aventure !

Avant mon départ j'avais fait quelques recherches et j'étais tombé sur le blog de Colin, un Américain qui vivait à Bogota depuis 2 ou 3 ans. Colin est d'origine irlandaise, grand, le crâne rasé, c'est un fondu de musculation qui organise toute sa vie autour de cette activité. Son blog était assez provocateur car il parlait de ses beuveries à Bogota (souvent), de ses rencontres avec des gens peu recommandables (parfois) et de ses séances de musculation (toujours).
Il vivait dans une petite auberge de jeunesse de la Candelaria. Je l'avais contacté avant mon départ et à mon arrivée on est allés déjeuner ensemble dans un petit restaurant de poissons dans le centre de Bogota.
Colin avait un diplôme de marketing et il était parti travailler pour une entreprise au Pérou. Clairement, il aimait le mode de vie décalé que lui offrait l'Amérique latine et je ne sais pourquoi

il était ensuite allé en Colombie. Il a proposé de me coacher pour faire de la muscu et 3 fois par semaine on se retrouvait pour aller à une salle de gym dans le centre de Bogota. On sortait aussi parfois pour prendre un verre et socialiser.

C'est ainsi que j'ai découvert que Bogota était une ville qui attirait beaucoup d'étrangers pour le côté chaleureux de ses habitants et le faible coût de la vie.

Je continuais à publier sur mon blog readmeimfamous.com et beaucoup de personnes suivaient mes aventures. Mes articles avaient souvent plusieurs dizaines de commentaires et ça m'encourageait à aller de l'avant.

Vous connaissez le site Couchsurfing.com ? C'est un site célèbre qui permet à des voyageurs de se faire héberger par des locaux. Ce que les gens savent moins c'est qu'il est tout à fait possible de l'utiliser pour rencontrer des locaux une fois sur place.
J'avais mis à jour mon profil pour dire que je venais d'arriver à Bogota et que je parlais anglais et espagnol. J'avais rencontré 2 ou 3 filles par l'intermédiaire de ce site. On avait pris un café mais ce n'était pas allé plus loin. Un jour alors que j'étais en train de travailler je reçois un message d'une certaine Lorena. Elle m'explique qu'elle vit à Bogota et qu'elle cherche à apprendre l'anglais. Elle avait l'air vraiment mignonne sur sa photo et on a commencé à échanger quelques messages. On a ensuite convenu de se voir pour prendre un café.

Il a plu à verse cette journée-là. Elle attendait sous un parapluie avec une copine de l'université et nous sommes allés dans un café à proximité. Son amie était venue l'accompagner par sécurité et elle s'est éclipsée rapidement. On a passé deux bonnes heures à discuter. Je lui ai raconté mon aventure en Australie, et mon projet de vivre de mon blog.

Elle étudiait à Bogota dans une des meilleures universités mais sa famille était d'une petite ville dans laquelle il y avait de l'activité pétrolière. On s'est revus quelques jours plus tard et j'ai joué de tous mes charmes pour la séduire.
On a donc commencé à sortir ensemble et quelques semaines plus tard elle m'a annoncé qu'elle avait terminé l'université et qu'elle retournait dans sa famille.
Je décidais de la suivre et c'est ainsi que je suis arrivé pour la première fois à Yopal, dans le département du Casanare.
C'est une petite ville à 300 kilomètres au nord-est de Bogota. Elle est située dans les plaines à 300 mètres d'altitude donc le thermomètre monte souvent à 30 degrés en journée.
J'ai trouvé une chambre d'hôtel pour une dizaine d'euros la nuit car Lorena vivait dans la maison de ses parents.
On a passé les mois de décembre et janvier à Yopal. Il faut savoir qu'en Colombie ces mois sont très importants car il y a beaucoup de fêtes pour Noël et la nouvelle année. J'en ai profité pour faire quelques vidéos mais à l'époque je manquais d'expérience et le résultat était laborieux.

En février, Lorena est retournée à Bogota pour passer un examen d'anglais et je suis rentré avec elle. J'avais pris mon billet retour pour début mars et il me fallait maintenant rentrer en France.

Lorena m'a accompagné à l'aéroport et la séparation a été difficile. Je passais l'immigration les yeux rougis par les larmes et je me retournais une dernière fois pour lui dire au revoir avant de passer la sécurité.

Je me demandais si nous allions nous revoir un jour.

En attendant il était temps de retourner aux affaires…

Il faut le voir pour le croire !

Je voudrais partager avec vous une petite anecdote qui pourrait bien faire toute la différence dans votre vie.
Fin 2010 on avait décidé d'organiser un groupe mastermind avec Olivier Roland et deux autres blogueurs, Yoann Romano et Alexis Santin.
Un groupe mastermind c'est un groupe d'entrepreneurs qui se réunissent pour échanger sur leurs expériences et trouver des solutions à leurs problèmes.
L'objectif était de nous réunir régulièrement pour nous entraider.
On a organisé notre première rencontre peu après mon arrivée à Bogota. J'étais dans un café Internet et on communiquait par Skype.
Pendant la première session on s'est présentés tour à tour et lors de la discussion Olivier nous a raconté qu'il se payait environ 3 000 euros par mois et que la vie était belle pour lui.

Ce qui est incroyable c'est que j'ai réalisé à ce moment-là que malgré le fait que je le connaissais, malgré le fait que je venais moi aussi de faire près de 10 000 euros de ventes le mois précédent, quelque part je n'étais pas totalement convaincu du fait qu'il avait vraiment gagné tant d'argent avec son blog.

Ce n'est qu'en participant à ce groupe mastermind, quand il s'est confié à nous, que j'ai acquis la certitude que ce qu'il disait était vrai.
Ce détail m'a choqué car si moi qui le connaissais et qui avais aussi vendu pour plusieurs milliers d'euros sur Internet je pouvais douter de son succès, quid de l'internaute qui découvrait nos blogs pour la première fois ?
Une bonne partie de ces personnes devaient penser qu'il s'agissait de mensonges tout justes bons à abuser de la crédulité des gens.

Quelques mois auparavant, j'avais découvert les blogs de John Chow et Jeremy Shoemoney, deux blogueurs très influents qui à l'époque disaient gagner des centaines de milliers de dollars par an sur Internet. J'avoue que j'étais très sceptique au départ. Ce n'est que petit à petit, au fur et à mesure que je rencontrais en vrai et sympathisais avec des personnes qui gagnaient des sommes significatives que j'ai commencé à y croire.

En quoi est-ce que cela vous concerne ?
Tout simplement parce que si vous pensez que ce sont des sornettes et que ça ne peut pas marcher alors vous n'arriverez jamais à réussir.
Quand je suis arrivé en Australie, je n'y croyais pas vraiment donc j'ai essayé mollement : j'ai mis quelques publicités sur mon blog qui ne m'ont rapporté que quelques centimes, ce qui m'a conforté dans l'idée qu'il était impossible de gagner de l'argent avec un blog.

Donc si vous avez des doutes, c'est normal. Mais je vous conseille de contacter et de rencontrer des gens « en chair et en os » pour vous faire un avis solide tiré d'expériences concrètes. Quelqu'un peut vous baratiner, caché derrière son site Internet, mais c'est beaucoup plus difficile quand vous le rencontrez en personne. Donc sortez, allez à des événements, nouez des contacts, faites-vous des amis et vous saurez vraiment à quoi vous en tenir.

Car souvenez-vous, si vous n'y croyez pas vraiment, vous n'y arriverez pas.

Mon premier blog vidéo

Fin décembre 2010 j'ai décidé de lancer un blog vidéo sur le thème du blogging. Étant donné que webentrepreneur-debutant.fr était parti pour être un site communautaire avec l'ajout du forum, je voulais créer un espace plus personnel sur lequel je pourrais publier mes conseils en vidéo sur le thème du webmarketing.
Tant qu'à faire, pourquoi ne pas utiliser le format vidéo pour essayer quelque chose de différent ?

C'est ainsi qu'est né bloguer.tv en décembre 2010.

Après plus de 3 ans d'existence et 200 vidéos j'ai beaucoup de conseils à partager avec vous si vous voulez vous lancer dans le blogging en vidéo. Au début, je ne savais pas faire des vidéos seul face caméra. J'avais une caméra de poche avec une qualité assez pauvre, je n'avais pas de matériel d'éclairage, et je ne savais pas comment structurer mon contenu.

À quelques occasions (concours, événement) j'avais fait des vidéos face caméra mais c'était compliqué à réaliser et le montage me prenait du temps. Donc je faisais surtout des petites vidéos où je filmais mon écran et dans lesquelles je montrais comment réaliser telle ou telle manipulation technique.
Par la suite j'ai arrêté de faire ce type de vidéo car elles n'apportent pas une valeur ajoutée énorme et s'adressent à des gens qui ont déjà un certain niveau sans pouvoir intéresser les débutants.
De plus, la technique change rapidement et les vidéos deviennent vite obsolètes.

Je me suis depuis concentré sur des vidéos où j'interviens seul, face caméra, et dans lesquelles je donne des conseils, ou alors des vidéos d'interviews avec des clients ou des amis entrepreneurs, soit en étant tous les deux dans le champ, soit sur Skype (auquel cas on filme l'écran de mon ordinateur et on voit l'autre personne dans une fenêtre en bas de l'écran).

Pour faire des vidéos face caméra il faut avoir un minimum d'équipement. Heureusement ces dernières années les appareils reflex ont fait des progrès extraordinaires et avec un appareil d'entrée de gamme (par exemple les boîtiers d'entrée de gamme à 300 ou 400 euros chez Canon ou Panasonic) il est possible d'enregistrer des vidéos d'excellente qualité.

En photo comme en vidéo, le paramètre le plus important, c'est la lumière. Si vous tournez des vidéos en extérieur il faut avoir une source de lumière importante (et faire attention au contre-jour !).
Ce que je préfère c'est tourner soit tôt le matin soit tard le soir. À ce moment-là la lumière a une belle couleur. Idéalement, il faut avoir le soleil en face de soi (derrière la caméra), légèrement sur sa droite ou sur sa gauche.
Quand on filme au milieu de la journée le soleil est très haut dans le ciel donc ça fait des ombres très fortes sur le visage et c'est à éviter.
Lorsque vous filmez en intérieur il vous faut un kit lumière trois points. Ca veut dire que vous avez une source de lumière de chaque côté du visage et une troisième (facultative) au-dessus de votre tête pour bien découper vos épaules à l'image.
Les lumières de ce genre de kit sont ce qu'on appelle des « soft-box », ce sont des supports pour 2 ou 4 ampoules de forte puissance autour desquelles il y a une « boîte » en tissu qui fait office de diffuseur.
Maintenant que vous avez la caméra et la lumière vous avez besoin d'un bon cadrage et aussi de savoir quoi dire face à la caméra !

Pour le cadrage, c'est très simple. Ne vous placez pas au milieu (ça fait amateur) mais à gauche ou à droite de l'image (si vous faites attention vous verrez que c'est comme ça que font les présentateurs ou les journalistes à la télévision).
L'espace au-dessus de votre tête ne doit pas être trop important sinon ça donne ce que David Jay appelle « l'effet Schtroumpf » : vous avez l'air tout petit !
En général le bas de l'écran vient couper à hauteur de vos cuisses.
Vient maintenant le contenu de la vidéo. Si vous avez une structure c'est beaucoup plus facile. Pour ma part, voici celle que j'utilise et qui me rend la vie beaucoup plus facile :

1. La promesse

Dès le début je fais une promesse: « Dans cette vidéo vous allez découvrir... »
La raison de cette annonce, c'est que, sur internet, la plupart des gens ont tendance à arrêter de regarder une vidéo après les premières secondes. C'est comme lorsqu'ils font une recherche sur Google : ils vont visiter rapidement plusieurs pages auxquelles ils ne vont accorder que quelques secondes d'attention, la lisant ou la regardant en diagonale.
Donc, commencer votre vidéo par une promesse va « forcer » un maximum de personnes à regarder la suite.
Ne mettez pas de générique, ça n'intéresse personne. Vous pouvez vous présenter, bien sur, par exemple en disant « Bonjour, je suis xxx expert en ceci et cela » mais faites-le seulement après avoir annoncé votre promesse.

Voici par exemple comment j'introduis une vidéo sur le thème « Comment apprendre l'anglais »: *« Dans cette vidéo vous allez découvrir comment apprendre l'anglais facilement en seulement quelques minutes par jour ».*

2. Les problèmes

Comme dans une page de vente, les gens ont vu votre accroche et vous avez leur attention. Maintenant vous allez leur parler des problèmes ou des fausses solutions qu'ils rencontrent pour les interpeller et leur faire prendre conscience que c'est bien à eux que vous vous adressez.
Il y a un principe fondamental en marketing direct : si vous décrivez à une personne ses problèmes mieux qu'elle ne pourrait le faire, elle va penser inconsciemment que vous avez la solution à ses problèmes.
Vous pouvez même parler de vous, du fait que vous avez vous-même rencontré ces problèmes, ça donnera plus de crédibilité à votre vidéo (n'oubliez pas que la plupart des gens qui vont voir votre vidéo ne vous connaissent pas !).

Exemple : *« Le problème c'est que les cours d'anglais à l'école sont inefficaces et que la plupart des gens sortent du système scolaire avec un niveau déplorable en anglais. Je le sais car je suis sorti de l'université avec un Bac+5 et pourtant j'étais toujours nul en anglais. »*

3. La solution

Vous devez dire en une phrase quelle est la solution qui va résoudre tous ces problèmes.

Exemple : *« La solution c'est d'apprendre l'anglais par vous-même en quelques minutes par jour et en vous faisant plaisir. »*

4. La théorie

Ensuite, vous devez expliquer les différentes étapes pour arriver au résultat souhaité.

Exemple : *« Un moyen simple d'apprendre l'anglais c'est de chercher les paroles des chansons que vous écoutez en anglais. Ensuite de regarder des séries et des films en version originale sous-titrées. Etc., etc. »*

5. L'appel à l'action

Si quelqu'un est allé jusqu'au bout de votre vidéo bravo ! C'est que vous avez fait du bon travail.
Dans un monde où nous sommes sollicités de toutes part, avoir l'attention de quelqu'un ça a beaucoup de valeurs, donc ne le laissez pas repartir et poussez-le à agir immédiatement en laissant un commentaire ou acheter votre produit :

Exemples (si vous n'avez pas de produit à vendre) : *« Quelle est votre méthode pour apprendre l'anglais ? Répondez à cette question dans les commentaires ci-dessous. »*
Ou bien (si vous voulez diriger les gens vers la page de vente de votre produit) : *« Cliquez ici pour découvrir ma méthode pour apprendre l'anglais facilement et en quelques minutes par jour. »*

Aujourd'hui j'utilise cette structure pour la plupart de mes vidéos. Cela me permet de produire du contenu rapidement, d'aller à l'essentiel et de toujours savoir où j'en suis.

Une remarque importante : lorsque vous faites une vidéo vous pouvez la publier sur Youtube et la mettre sur votre blog pour attirer du trafic. Mais le problème c'est que les robots de Google qui scannent les sites pour les référencer ne savent pas lire les vidéos, donc, si vous postez uniquement de la vidéo en guise d'article, vous aurez très peu de texte. Or, c'est le texte que parcourt Google et c'est ce qu'il comprend le mieux.
Ce que je vous recommande de faire c'est de faire (ou faire faire) la transcription de ce que vous dites dans la vidéo au format texte.

Sur des sites comme elance.com vous pouvez trouver facilement des prestataires pour réaliser cette tâche. C'est sur ce site que j'ai trouvé une prestataire à Madagascar qui me fait toutes mes transcriptions.
Ensuite, vous n'avez plus qu'à publier le texte sur votre blog, par exemple après la vidéo, pour avoir beaucoup plus de visites de la part des moteurs de recherche et notamment de Google.

En suivant cette méthode, préparer la structure d'une vidéo de contenu me demande aujourd'hui environ 20 minutes de travail.
Si je tourne plusieurs vidéos d'affilée j'ai besoin d'environ 5 minutes pour chaque vidéo (généralement je ne fais qu'une seule prise).
La transcription de la vidéo me coûte environ 1 euro pour chaque minute transcrite, soit 5 euros pour 5 minutes.
Au final je vais pouvoir poster sur mon blog un article d'environ 500 mots avec une vidéo pour seulement 30 minutes de temps de travail et 5 euros de frais.
C'est beaucoup plus intéressant que de passer deux heures à écrire un article de 500 mots.
C'est ce que je fais maintenant sur tous mes blogs et c'est ce que je vous recommande de faire pour publier du contenu rapidement.
Vous voyez que depuis mes premières vidéos d'amateur sur www.bloguer.tv il y a eu du chemin de parcouru et que je ne travaille plus du tout de la même manière !

Les partenaires

« Si vous voulez gagner un homme à votre cause vous devez d'abord le convaincre que vous êtes son ami sincère. »

Abraham Lincoln

Les lancements de mon produit à partir d'un webinaire avaient été l'occasion de le valider, mais l'objectif c'était de faire un gros lancement avec des partenaires affiliés, ce qu'on appelle un « lancement orchestré ».
Dans ce type d'opération les partenaires font la promotion de l'événement sur leurs listes de diffusion et touchent des commissions sur les ventes dont ils sont à l'origine.
On pourrait se dire que pour un affilié il faudrait être fou pour refuser de participer à une opération de ce type mais en pratique c'est beaucoup plus compliqué : les gros affiliés ont leur propre agenda, sont souvent sollicités pour des partenariats, ont parfois peur de se mettre à dos leur audience, et puis il y a aussi une question d'affinité qui joue.
J'ai donc continué à faire un gros travail de terrain pour rentrer en contact avec un maximum de personnes en vue d'organiser un important lancement.

À peu près à l'époque où je signais mon contrat avec Sébastien il avait également engagé une collaboration du même type avec David Jay, un orthophoniste spécialiste de la vidéo et qui s'était reconverti dans la vente à distance de formations en DVD pour les orthophonistes.
David avait amené son activité à plus de 200 000 euros de CA et il souhaitait lancer une formation sur le marketing en vidéo pour partager toute l'expérience qu'il avait accumulée dans ce domaine.

Je l'avais rencontré pour la première fois en novembre 2010, juste avant mon départ pour la Colombie, au Web2Connect, un salon pour les acteurs du web qui se tient une fois par an.
Comme nous étions tous deux clients de Sébastien on avait vite sympathisé et on s'était par la suite rencontrés à plusieurs reprises. David est quelqu'un de très positif avec un humour parfois corrosif, doté de solides compétences marketing et d'un vrai esprit d'entrepreneur. Nous étions tous les deux dans le même bateau, avec l'espoir de faire un gros lancement en collaboration avec Sébastien.

En avril 2011 Sébastien a organisé un grand séminaire avec 200 personnes auquel il avait convié beaucoup d'acteurs majeurs du marketing francophone, dont Christian Godefroy.
À 60 ans passés Christian était un peu le « pape du webmarketing francophone ». Il passait sa vie entre son chalet en Suisse, sa résidence secondaire au Portugal où il aimait faire de la planche à voile et des appartements à Dubaï ou Miami.
Il avait commencé dans les années 70 à vendre des méthodes par correspondance et il était passé sur Internet au milieu des années 2000. C'était un spécialiste du copywriting (l'art d'écrire des pages de vente) et une référence pour la quasi totalité d'entre nous.
Christian Godefroy avait créé le « club positif », une communauté dont les membres pouvaient faire la promotion de ses produits (principalement sur les thématiques du développement personnel et du webmarketing) et toucher des commissions.
Il avait été en grande partie responsable du succès du lancement de « Agir & Réussir » d'Olivier Roland qui s'était rapproché de lui en achetant un de ses produits. Sébastien et Olivier lui avaient demandé de faire la promotion du lancement, ce qu'il avait accepté moyennant une commission importante.
Christian Godefroy avait dit à Olivier qu'il était ravi de les voir arriver car il se sentait bien seul dans le monde du webmarketing francophone.

À l'occasion d'un déjeuner VIP organisé pendant le séminaire je me suis retrouvé par hasard assis juste en face de lui.
J'ai décidé de ne pas me dégonfler et de la jouer décontracté. Après tout je me suis dit que tout le monde devait le traiter avec une déférence qui devait l'ennuyer et qu'en tant que millionnaire ce qui devait lui plaire c'était qu'on le traite comme n'importe qui d'autre (sans lui manquer de respect bien entendu).
Dès le début du repas je le tutoyais. Il me semble avoir noté sa surprise au début mais je ne me suis pas démonté et j'ai continué de façon décontractée.
J'ai essayé d'être d'agréable compagnie en l'écoutant (beaucoup) et en faisant preuve d'humour (un peu). Il semblait content de notre rencontre.

Quelques mois plus tard je l'ai interviewé sur Skype alors que j'étais à Bogota et lui au Portugal. Après l'interview on a bavardé un peu et ensuite j'ai publié notre entretien sur mon blog webentrepreneurdebutant.fr.

À Paris j'ai continué à rencontrer des blogueurs et des webmarketeurs et je revoyais régulièrement ceux avec lesquels j'avais bien accroché. Par exemple, j'avais rencontré Benoît Wojtenka du blog bonnegueule.fr. On n'était pas du tout dans la même thématique mais j'appréciais beaucoup sa compagnie et on se voyait parfois pour parler blogging, ce qui m'a permis d'assister à la fabuleuse ascension de l'activité qu'il développait avec son associé Geoffrey (deux ans plus tard ils allaient réaliser près de 500 000 euros de chiffre d'affaires en une année… et moi aussi !).

Il y a quelque chose de fondamental qu'il faut comprendre concernant les partenaires : Quand vous en avez besoin c'est trop tard pour en trouver de nouveaux !

Combien de fois j'ai été contacté pour une demande de partenariat : « je lance tel produit la semaine prochaine, est-ce que tu veux participer ? » Mais on ne se connaît même pas !
Donc, gagner des partenaires c'est un travail de fond qui se fait sur le long terme. Rencontrer les gens, apprendre à les connaître, sympathiser, ça prend du temps.

Et si vous n'avez pas d'aventures extraordinaires à raconter où si vous n'êtes pas la personne la plus drôle au monde (ce qui est le cas de 99% des gens) j'ai une bonne nouvelle pour vous : il y a un moyen très simple pour vous rendre agréable auprès de n'importe qui, et qui ne demande aucune compétence particulière : c'est le fait d'écouter.
Si vous écoutez une personne avec attention elle vous trouvera tout naturellement agréable.
C'est un des enseignements que j'avais tirés du livre *Comment se faire des amis* de Dale Carnegie (le titre du livre est plutôt bateau mais ne vous y fiez pas, ses conseils valent de l'or).
Donc, quel que soit votre secteur d'activité, sortez, allez à des événements, rencontrez des gens. Vous passerez de bons moments, vous vous ferez de nouveaux amis et vous gagnerez de l'argent en chemin.

Premier passage sur scène

Le séminaire de Sébastien en avril 2011 avait été pour moi l'occasion de faire mon baptême du feu en tant que conférencier.
Sébastien avait animé des dizaines d'ateliers pour son activité de coaching en séduction et il avait conduit ce séminaire devant 200 personnes d'une main de maître.
Pour ma part, ma dernière intervention en public datait de la soutenance de mon mémoire de fin d'études devant une vingtaine de personnes, toutes familières.

J'appréhendais donc la présentation que je devais faire pendant ce séminaire.
Mais il y avait pire.
Sébastien et David m'avaient annoncé leur idée : tourner en direct pendant le séminaire une vidéo de génération d'audience.
Et bien entendu c'est bibi qui allait être devant le caméra.

Une vidéo de génération d'audience c'est une courte vidéo qu'on va placer sur une « page de capture » (souvent appelée « squeeze page ») sur laquelle les gens vont s'inscrire en laissant leur prénom et leur adresse email.
En l'occurrence, il s'agissait de faire une courte vidéo pour inciter les gens à s'inscrire à l'un de mes webinaires.

Je ne m'étais pas opposé à leur idée qui me paraissait bonne, mais je me sentais anxieux à l'idée de faire l'acteur devant plusieurs centaines de personnes.
Je me doutais bien que pendant que David allait faire la préparation du tournage il allait s'écouler de longues minutes pendant lesquelles j'allais me retrouver les bras croisés face à l'audience, sans savoir quoi dire.

Au cas où il y aurait un problème lors du direct pendant le séminaire on avait prévu de tourner une vidéo dans le studio de David, à Cambrai, quelques semaines avant.

Arrivé en train David vint me chercher à la gare et nous sommes allés dans le studio où il tournait ses vidéos de formation, une pièce absolument minuscule qu'il avait aménagée astucieusement avec un fond vert (un tissu de couleur verte fixé au mur qui permet ensuite d'incruster n'importe quel fond derrière le présentateur, comme au cinéma ou à la télévision !).
Ce jour-là je tournais mes premières vidéos dans un cadre professionnel et je découvrais le principe de la vidéo.

Une heure pour mettre au point les réglages de la caméra et de la lumière, une heure pour refaire la prise, et deux minutes pour tourner la meilleure prise (souvent la dernière).
David m'a beaucoup aidé ce jour-là pour avoir la pêche et sourire devant la caméra, et ma prestation à l'arrivée était tout à fait correcte.

La veille du séminaire je passais la nuit dans un état de semi-somnolence, stressé par l'épreuve à venir.
L'événement devait durer deux jours, le tournage de la vidéo en direct intervenait le matin du premier jour et j'allais faire ma présentation le deuxième jour.

À la fin de la première matinée David est monté sur scène pour faire sa présentation et il m'a appelé. Je me suis levé et j'ai traversé la salle devant 200 paires d'yeux posées sur moi.
Comme je l'avais prévu, après avoir annoncé qu'on allait tourner en vidéo, David a du mettre en place la caméra, le fond vert pliable derrière moi et tout préparer, et je me suis retrouvé sur scène face à l'audience.
Je ne sais pas pourquoi mais je me sentis inspiré et je pris l'initiative de faire quelques commentaires amusants pour faire patienter l'audience.
J'avais un micro présentateur, vous savez ces micros tout fins de couleur chaire qui font comme une petite tige discrète qui s'approche de votre bouche sur un côté de votre visage.
J'entendais ma voix dans les haut-parleurs et je trouvais la sensation très agréable.
La salle réagissait bien puisque j'entendais des rires ponctuer mes commentaires, ce qui acheva de me décontracter.

On a ensuite tourné la vidéo en direct. Il y avait un prompteur qui faisait défiler le texte que je devais dire et on a tourné la prise d'une traite.
Des applaudissements sont venus clore ce mini-tournage.

Dans l'après-midi David a fait le montage et on l'a mis en ligne. Puis on a envoyé un email aux abonnés à ma newsletter pour que leur proposer de s'inscrire à un de mes webinaires. Pour tester l'efficacité de la vidéo on avait mis en place un split-test, c'est-à-dire qu'il y avait deux versions différentes de la page d'inscription. La moitié des gens qui cliquaient sur le lien dans l'email voyaient la version de la page avec la vidéo, et l'autre moitié voyaient une version texte.
Au final on pouvait mesurer quelle page était la plus efficace et la garder pour optimiser le nombre de personnes qui s'inscrivaient.

Les split-tests constituent l'outil le plus utilisé en marketing direct, et c'est ce qui donne tout son pouvoir à cette approche marketing parfaitement adaptée pour les petites entreprises qui ne peuvent se permettre de gaspiller la moitié de leur budget publicitaire.

Le test a révélé que la version vidéo convertissait 5% de visiteurs en plus en inscrits au webinaire. Pourtant, la vidéo ne bat pas toujours le texte, surtout quand la décision est prise rapidement et n'a pas de grande conséquence (comme l'inscription à une liste de diffusion ou à un service gratuit par exemple).

Cette première expérience sur scène s'est donc révélée un succès. Une fois de plus j'avais surmonté ma peur et au final tout s'était bien passé.
Si on veut réussir en tant qu'entrepreneur il est normal de sortir de sa zone de confort et d'affronter ses peurs.
Si vous n'avez pas peur c'est très certainement que vous ne vous mettez pas assez en situation de difficulté et que vous êtes en-dessous de votre potentiel.
Mais surtout, cette première expérience allait me conforter dans l'idée d'organiser mes propres séminaires, ce qui allait me permettre de mettre à exécution une stratégie pour dépasser le million d'euros de chiffre d'affaires par an…

Mon diplôme de webmarketeur

« Si l'éducation vous paraît trop chère
essayez l'ignorance. »

Quand j'étais en Australie j'avais créé une activité rentable en quelques mois et je cherchais à me former pour développer mes compétences en marketing et business.

Ayant fait beaucoup de progrès au début de ma carrière grâce à quelques livres sur le développement personnel, je me tournais tout naturellement vers les livres pour trouver des solutions.
Je ne sais combien de fois je suis allé dans une des librairies Borders de la city à Sydney pour chercher des livres qui pourraient m'apporter des compétences en marketing/business, car à la base j'ai une formation d'ingénieur systèmes et réseaux.
Mais je ne trouvais jamais de livre vraiment percutant sur le sujet.

En désespoir de cause j'avais acheté un livre théorique sur le marketing écrit par un Australien. Le problème de ce livre c'est qu'il était beaucoup trop généraliste et pas du tout adapté à une petite entreprise. Ayant trouvé peu de ressources je le lisais quand même. À mon retour en France je continuais à vouloir me former et c'est la raison pour laquelle je lisais le Vernimmen, un pavé imbuvable de plusieurs centaines de pages sur la finance d'entreprise que m'avait recommandé un étudiant d'HEC rencontré dans une soirée à Sydney.

Quand j'ai commencé cette aventure dans le monde du blogging il a fallu me former et c'est à ce moment-là que j'ai enfin trouvé des ressources nécessaires pour les petites entreprises.
Tous ces livres que j'avais lus jusque-là étaient adaptés pour de grandes entreprises. Or, une petite entreprise ne se développe pas du tout comme on gère une grande. Là où une grande entreprise

connaît bien son marché, a déjà un portefeuille de clients et un historique de ventes, une petite entreprise qui se lance a une part de marché minuscule, une clientèle pas encore stable, et n'a pas un historique de ventes important (ce qui est un frein pour l'acquisition de nouveaux clients).

Sur les recommandations de Sébastien j'avais lu quelques livres sur le marketing, la plupart en anglais. Pendant mon premier séjour en Colombie j'avais lu *My life in advertising* et *Scientific Advertising* de Claude Hopkins dans lesquels il raconte comment il a lancé des géants comme Palmolive ou Goodyear au début du 20e siècle grâce à la distribution de catalogues en marketing direct.
Comme le dit la célèbre maxime: *« la moitié de mon budget publicitaire part en fumée, le problème c'est que je ne sais pas de quelle moitié il s'agit ».*

Là où une entreprise bien établie sur un marché de masse peut se permettre d'avoir une approche « branding » et de dépenser des sommes exorbitantes pour imprimer sa marque dans l'esprit des consommateurs et gagner ou conserver ses parts de marché, une petite entreprise se ferait vite saigner à blanc si elle tentait de faire la même chose.
Une petite structure ne peut se permettre de dépenser la moitié de son budget publicitaire à perte, et elle doit avoir un retour sur investissement pour chaque euro dépensé en publicité.
Pour cela elle doit utiliser les techniques de marketing direct.
L'idée c'est d'essayer d'obtenir une réponse pour chaque publicité, et de pouvoir mesurer cette réponse. On a tous vu des publicités qui incitent à appeler ou à réaliser une action (pour obtenir un échantillon ou commander).
L'entreprise qui publie ces annonces affecte un numéro de téléphone spécifique pour chaque publicité. Au bout du compte elle est capable de déterminer combien d'appels a généré chaque

publicité, combien de ventes découlant de ces appels ont été générées et donc quel chiffre d'affaires a été réalisé pour chaque euro dépensé en publicité.
Ainsi, elle peut arrêter les publicités qui perdent de l'argent et conserver uniquement les campagnes rentables.

Ce type de publicité peut parfois avoir un aspect « petit joueur », il n'empêche que c'est la seule stratégie valable pour développer une petite entreprise.
Si vous voyez une campagne de ce type pendant des mois voire des années ça veut dire qu'elle est rentable, et derrière des publicités à l'aspect un peu « cheap » se cachent souvent de petites PME fort lucratives…

En me plongeant dans ce monde du marketing direct j'ai découvert une quantité virtuellement infinie de livres, sites web et formations à destination des petits entrepreneurs (la plupart en anglais).
Durant ce premier séjour en Colombie j'ai lu *Marketing to the affluents* de Dan Kennedy, un des gourous du marketing aux États-Unis, dans lequel il explique comment se concentrer sur les personnes les plus fortunées pour développer une entreprise.
Lors de mon second séjour en Colombie, à l'été 2011, j'ai lu *Rework*[1], un best-seller facile à lire sur la productivité et l'organisation en entreprise, puis *How to get anything you can out of what you've got* de Jay Abraham sur comment développer les ventes d'une petite entreprise, et enfin *Power copywriting for the Internet* de Rob Serling pour me former à l'art d'écrire des pages de vente.

Comme je voulais me spécialiser dans le marketing direct sur Internet j'ai par la suite augmenté ma cadence de lecture et depuis j'ai lu des dizaines de livres sur le sujet.

1. J. Fried et D. Heinemeier Hansson, *Rework, réussir autrement,* Paris, 2012.

Parmi ceux qui m'ont le plus influencé je citerais *Made to stick*[1] (*Des idées qui collent* en français) sur comment communiquer de manière impactante, *Ready Fire Aim* sur comment développer une entreprise sur Internet, *The Lean Startup* et *The startup owner's manuel* sur comment développer une startup et *How to build websites that sell* de Peep Laja sur comment créer un site Internet qui convertit les visiteurs en acheteurs.
Je conseille à tous les entrepreneurs de se former de manière continue dans ce domaine. Il faut le voir comme un jeu. Votre business est une machine que vous essayez d'optimiser tout le temps, et pour cela il faut aller chercher des idées soit dans votre réseau de relation, soit chez des experts qui peuvent vous accompagner, soit dans des livres et des formations.
Un simple conseil peut vous permettre de doubler votre chiffre d'affaires.

Vous connaissez tous la fameuse question « maxi ou normal ? » que vous pose systématiquement l'employé du McDonald's lorsque vous commandez un de leurs menus. Celle-ci permet de proposer systématiquement l'offre plus chère (le menu « maxi ») à chaque client qui commande un menu.
Imaginons qu'elle permet de vendre le menu maxi à 30% des clients qui auraient commandé seulement le menu normal. Ça permet de faire en moyenne 0,3 fois la différence entre le prix du menu normal et du menu maxi pour chaque client.
Multipliez cela par le nombre de clients qui commandent un menu dans un restaurant McDonald's chaque année et vous arrivez à plusieurs centaines de millions de dollars de chiffre d'affaires par an.
À votre avis, combien a rapporté cette idée pourtant simple depuis sa mise en œuvre ? Des milliards de dollars très certainement.

1. Cf la bibliographie p. 203.

Cette technique s'appelle une *upsell* (proposer systématiquement une version plus coûteuse d'un produit au moment de la vente) et ce n'est qu'une des nombreuses techniques pour augmenter le chiffre d'affaires d'une entreprise.

Ne gérez pas votre marketing au hasard. Votre futur et celui de votre famille en dépend.

Mon premier produit en solo

À mon retour de Colombie les comptes de ma société avaient baissé à quelques milliers d'euros et je décidais de faire de nouveaux webinaires pour réaliser des ventes.
J'ai donc commencé à animer des webinaires tout seul. C'était difficile d'être tout seul pour organiser, animer le webinaire et faire la vente. J'avais souvent la peur au ventre avant de commencer mais ça a été formateur.
J'ai donc réalisé quelques ventes en plus, et c'est à ce moment-là qu'on a décidé avec Sébastien de passer le prix de ma formation de 497 à 997 euros.
La première fois que j'ai proposé ma formation à 997 euros dans un webinaire j'étais bien entendu nerveux mais j'ai fait quelques ventes. D'ailleurs je crois que j'ai fait presque autant de ventes que si je l'avais vendue à 497 euros !

Certains webinaires ont été des échecs, avec peu de personnes présentes et n'ont débouché sur aucune vente. Cela a dû arriver une fois ou deux.
En fait, je manquais de trafic pour faire venir de nouvelles personnes à ces événements. J'arrivais à convaincre un partenaire ou deux de faire la promotion de mes webinaires mais ce n'était pas suffisant, donc après deux mois je décidais d'arrêter.

Cela tombait bien parce que j'avais le projet de retourner en Colombie pour retrouver Lorena à Bogota.
Je pris un appartement plus grand au même endroit que la dernière fois et c'est ainsi que je passais le mois de juin 2011 en sa compagnie.
J'avais emporté avec moi un petit livre de Frank Kern, un marketeur américain, qu'il proposait de recevoir moyennant le paiement des frais de port. En le recevant j'avais été déçu car il ne s'agissait que de quelques feuilles imprimées et reliées entre elles de manière sommaire, mais en fait le contenu était bon et je l'ai lu avec beaucoup de plaisir.
C'est en lisant ce livre dans un bus déglingué de Bogota que j'ai découvert un conseil qui m'a beaucoup inspiré :
« Quand tout le monde est parti en vacances, profitez-en pour lancer un produit, il y a moins de monde mais il y a surtout beaucoup moins de concurrence et vous pouvez avoir de très bons résultats ».

Je décidais d'en parler avec Sébastien et avec son approbation je me lançais dans la création d'un nouveau produit, moins cher, et cette fois-ci en solo.
J'ai alors suivi la méthode que je préconise pour créer un produit sur Internet : réaliser un sondage sur ma liste d'abonnés et analyser ensuite les réponses pour déterminer les attentes exactes de mes contacts.
Sans surprise, les réponses que je récoltais étaient proches de celles obtenues quelques mois auparavant : les gens abonnés à ma liste de diffusion voulaient essentiellement créer un blog et le rentabiliser.
Il me fallait trouver une promesse accrocheuse pour le nom de mon produit. J'ai trouvé l'expression « Un blog qui rapporte » et en discutant avec Sébastien il ma conseillé d'indiquer une durée dans le titre pour renforcer la promesse.

C'est comme ça que j'ai trouvé le nom « Un blog qui rapporte en 31 jours » pour ma nouvelle formation.

J'ai donc élaboré un plan de formation sur 31 jours pour, avec une petite vidéo par jour, amener mes clients partis de rien à créer et développer un blog correctement installé, optimisé et qui commence à rapporter les premiers euros.
Je garde une grande nostalgie de cette époque. La vie était facile, je passais de bons moments avec Lorena et je prenais du plaisir dans mon travail malgré les nouveaux challenges qui se présentaient souvent à moi.
Je travaillais dans mon appartement. On déjeunait souvent avec Lorena près de chez moi car elle suivait des cours dans le centre. Dans la journée, je descendais régulièrement prendre un café à la cafétéria en bas de chez moi où tout le monde me connaissait et le soir Lorena me rejoignait ou alors j'allais dans l'appartement où elle habitait en colocation avec sa cousine Diana, à 45 minutes du centre de Bogota.
Je continuais mes séances de sport plusieurs fois par semaine. Je me rendais compte que ces séances me permettaient de décompresser du travail quotidien.

Une fois défini le plan de la formation j'enregistrais les premiers modules vidéo. J'ai aussi écrit une page de vente, ma première car jusqu'à présent j'avais toujours vendu en webinaire.
Écrire une page de vente est un art et je m'aidais d'une formation de Sébastien à laquelle il m'avait donné accès pour y parvenir.
Le temps pressait car je devais partir pour le Brésil début juillet. C'était une destination dont je rêvais et il se trouvait que Chris, un ami d'Australie, était marié avec une Brésilienne et qu'ils étaient à Rio pour quelques mois.
On avait donc prévu de se retrouver là-bas : Chris, sa femme et ma mère qui l'avait rencontré lorsqu'elle était venue en Australie,

il nous avait même invités à passer des vacances chez ses parents d'origine grecque sur l'île de Lesbos en Grèce en 2009.

Je n'avais pas eu le temps d'enregistrer tous les modules de la formation mais tout le reste était prêt et c'est dans ces conditions que j'arrivais à Rio au début du mois de juillet 2011. On est d'abord partis sur Ilha Grande, une île coupée du monde à deux heures de Rio, et je devais donc décaler mon lancement. Ce n'est qu'à notre retour à Rio fin juillet que je pus lancer l'opération.

Le premier jour je commençais par envoyer un email aux abonnés de l'une des mes listes et je réalisais plusieurs ventes. M'étant assuré que tout fonctionnait bien sur le plan technique, le jour suivant j'envoyais un email à l'ensemble de mes listes pour les prévenir de la sortie du produit.
Pendant les jours qui suivirent je me sentais comme dans un rêve. Ce que je vivais correspondait parfaitement à la vie idéale qu'on vous décrit sur certains sites Internet. J'envoyais un email à mes listes, je partais à la plage de Copacabana avec mes amis et ma mère et à mon retour j'avais gagné plusieurs centaines voire plusieurs milliers d'euros.

La formation était proposée à un tarif promotionnel (avec environ 20% de remise) pendant la période de lancement, et j'envoyais plusieurs relances pour traiter les objections et prévenir que la promotion allait se terminer.
Au final, entre fin juillet et début août je réalisais un chiffre d'affaires d'un peu plus de 10 000 euros pour le lancement de ce produit.
À cette époque-là mes listes comptaient 6 000 abonnés.

Début août, je retournais à Bogota retrouver Lorena avec une énorme satisfaction. Le compte de ma société disposait maintenant de près de 30 000 euros de trésorerie grâce à la vente de mes

produits, à la publicité sur mes sites et aux commissions d'affiliation que j'avais touchées.
Je ne le savais pas encore, mais cette somme me servirait à faire le plus gros investissement jamais réalisé pour un lancement orchestré, ce qui allait me permettre, moins de trois mois plus tard, de réaliser le plus important lancement avec affiliés jamais réalisé dans le monde francophone…

Un tournage épique

À mon retour à Bogota en août 2011 Sébastien m'a demandé de trouver une destination exotique pour tourner les vidéos de mon lancement.
Après réflexion je lui dis que Rio me paraissait parfait étant donné que j'avais adoré cette ville et que je connaissais maintenant les lieux.
Je rentrais à Paris début septembre et nous étions convenus d'une date vers mi-septembre pour le tournage.
Nous avions recruté François avec lequel Sébastien avait déjà travaillé pour faire le travail de cadreur sur le tournage.
Après de multiples concertations et vérifications je pris donc les trois billets pour Rio de Janeiro et c'est ainsi que nous nous sommes mis en route pour une aventure extraordinaire.

Le jour du départ j'avais rendez-vous avec François et Sébastien à Montparnasse vers midi puisqu'ils arrivaient de Bretagne par le train. Après le déjeuner nous sommes allés à la Défense où on a tourné des plans pour la première partie du lancement.
Nous n'avions pas de prompteur ce jour-là donc il fallait que j'apprenne le texte au fur et à mesure. Par chance, le temps était au rendez-vous et on a pu tourner tous les plans nécessaires juste avant que le soleil ne se cache derrière les immeubles de la Défense.

Sébastien avait écrit tous les scripts des vidéos de lancement. Ces vidéos allaient raconter mon histoire, d'où la partie à la Défense puisque j'expliquais que j'avais refusé un travail bien payé dans un bureau pour gagner ma vie avec mon blog et voyager.
Étant donné que j'avais été très occupé par la planification du tournage, la logistique et les partenariats, je n'ai découvert les scripts qu'au moment du tournage mais je dois dire que Sébastien avait fait un excellent travail.
À la fin de la première vidéo à la Défense je donnais rendez-vous aux gens à Rio. Puis nous avons tourné une petite séquence dans un des halls d'entrée de l'aéroport Charles de Gaulle, séquence qui allait servir d'introduction pour la deuxième vidéo.

À ce moment-là je n'étais pas encore très à l'aise en vidéo, mais avec Sébastien pour me coacher et donner des directives, et François pour s'occuper du cadrage, nous formions une équipe efficace.
Nous avons également tourné une petite séquence dans l'avion, juste avant que les hôtesses ne servent le repas.
Les 3 jours qui suivirent ont été particulièrement mouvementés, vous allez comprendre pourquoi dans un instant…

Nous sommes arrivés à l'aéroport de Rio de Janeiro le samedi matin à 5 heures. On a pris un taxi qui nous a déposés sur la plage d'Ipanema. Là, on a tourné des séquences de moi face à la caméra pendant environ deux heures. François a fait ensuite des plans fixes de la mer depuis la plage. Ces plans allaient servir plus tard d'arrière plan pour les séquences que nous allions tourner en studio, sur fond vert.

Les vidéos du lancement suivaient un enchaînement qui respectait la séquence enseignée par l'inventeur de la méthode des lancements orchestrés aux Etats-Unis, Jeff Walker, auprès de qui Sébastien s'était formé.

Après la première vidéo qui se passait à la Défense et qui présentait l'opportunité, la seconde vidéo, plus longue, présentait la méthode. Elle s'intitulait « Les 4 étapes pour prendre votre envol avec votre blog », pour faire une analogie avec l'avion, le voyage étant le thème récurrent pour ce lancement.
Il nous fallait maintenant trouver un autre endroit pour tourner la suite.

Après deux heures en plein soleil j'avais besoin de faire un break, d'autant plus que les agents de sécurité de Roissy m'avaient confisqué la crème solaire que j'avais mise dans mon bagage de cabine, le seul que nous nous étions autorisé.
Nous sommes allés dans un petit café de Copacabana que je connaissais et, après un solide petit déjeuner, on a pris un taxi et j'ai demandé au chauffeur de nous emmener dans un endroit avec une belle vue.
On ne voulait pas aller à la plage pour contraster avec les plans précédents. Le taxi nous a donc emmenés sur une piste d'hélicoptère en haut d'une des montagnes qui surplombent Rio.
L'endroit parfait pour tourner les dernières séquences à Rio.
D'un côté on avait vue sur la statue du Christ et de l'autre sur le lac d'Ipanema et la plage juste derrière.

Il était maintenant 11 heures, le soleil était presque au zénith et il faisait une chaleur d'enfer. Cette piste d'atterrissage était ouverte au public et toutes les 20 minutes environ un hélicoptère arrivait et il fallait débarrasser les lieux pour le laisser atterrir.
Il fallait tourner avec les touristes dans les parages, et pour couronner le tout Sébastien m'éclairait la figure avec un réflecteur. J'avais donc non pas un mais deux soleils dans la figure ! J'ai des yeux bleus très sensibles à la lumière donc c'était très difficile pour moi et comme j'avais mes lunettes de vue je ne pouvais pas porter de lunettes de soleil. De toute façon, les lunettes

de soleil sont à proscrire car ça donne un effet distant en vidéo et ça empêche d'établir la confiance.
J'ai appris plus tard, au cours d'un séminaire marketing, de la bouche d'un acteur professionnel (David H. Lawrence XVII, qui a joué notamment dans la série « Heroes » au États-Unis) que lorsque vous tournez en plein soleil vous n'avez pas d'autre choix que de plisser les yeux et de faire avec, il n'y a pas d'autre solution.

Après le tournage de quelques séquences nous sommes restés une heure de plus pour tourner des plans de décor que l'on utiliserait pour remplacer les fonds verts.
Comme nous étions en retard sur le planning je négociais avec le chauffeur de taxi pour qu'il nous emmène directement à deux heures de Rio afin qu'on puisse prendre le bateau qui devait nous emmener sur l'île d'Ilha Grande où nous devions tourner la suite des vidéos.

J'étais satisfait car j'avais quelques bases en portugais (une langue qui me fascinait depuis mon séjour en Australie en 2008 pendant lequel j'avais eu une copine brésilienne) et j'étais capable de nous faire comprendre et de trouver des solutions pour le tournage.
Dans la voiture, je regardais Sébastien et François récupérer de leurs efforts de la journée. Il nous fallait à tout prix arriver à temps pour prendre le dernier bateau.
J'avais déjà fait cette traversée d'une heure environ en juillet. Mais ce jour-là la mer était démontée et le bateau s'inclinait jusqu'à 30 degrés pour avaler les vagues. C'était tellement impressionnant qu'on en a profité pour tourner des vidéos que nous destinions aux affiliés du lancement.
Le roulis a eu raison de François qui a vomi par-dessus bord tout ce qu'il avait mangé !

J'avais déjà passé une semaine sur Ilha Grande, je connaissais bien l'endroit et j'avais réservé une chambre pour trois dans un hôtel que j'avais repéré. Mais en arrivant je me rendis compte que si j'avais bien réservé une chambre pour les bons jours, je l'avais fait pour le mois suivant ! Heureusement, il restait une petite maisonnette à louer qui sentait l'humidité et c'est là qu'on s'est installés.

Nous sommes allés dîner sur la plage et on s'est levé très tôt (vers 5 heures) le dimanche matin pour aller tourner. On a enchaîné quelques plans sans difficulté.
Il s'agissait de la vidéo n°3 du lancement, dans laquelle je réponds aux questions qui sont posées… pendant le lancement. Vous vous demandez peut-être « ok mais comment pouvez-vous répondre aux questions si elles n'ont pas encore été posées ? ».
Excellente question ! Il faut savoir que je vendais cette formation depuis un an donc je connaissais la plupart des questions et objections posées par les clients potentiels.
Si des questions nouvelles devaient survenir pendant le lancement, nous avions imaginé d'intercaler des petites séquences que j'enregistrerais au micro pour y répondre.

L'avantage avec la vidéo c'est que c'est comme de la pâte à modeler, on peut à peu près tout faire avec, et même rattraper des grosses erreurs !
Nous avons tourné les plans pour la deuxième partie de la vidéo n°3 le dimanche matin. Comme tout paraissait vraiment facile, on s'est un peu relâchés et on a pris trop de temps pour déjeuner. J'étais préoccupé car le soleil se couche très tôt sur l'île (vers 17 heures).
On avait décidé de faire l'introduction de la vidéo n°3 dans un petit sentier qui traverse l'île en passant par-dessus la montagne.
On est donc montés et on a commencé à tourner l'introduction.
On utilisait un prompteur fixé sur la caméra. François la portait

sur son épaule et elle était dirigée vers l'arrière, et je suivais. Le problème c'est que pour des raisons techniques François me demandait de ne pas trop m'approcher de la caméra et à cette distance il m'était difficile de lire le script. La lumière était insuffisante et dans les rares endroits où il y en avait assez elle m'arrivait dans les yeux et il m'était impossible de lire.
On a tout de même essayé pendant un bon moment et lorsqu'on est arrivés de l'autre côté, en bas du sentier, il faisait tellement sombre que j'ai vu passer une chauve-souris !

Comme nous devions repartir le lendemain midi et qu'il fallait absolument tourner ce plan le lendemain matin nous avons décidé que j'apprendrai l'introduction par cœur, et j'ai passé la soirée entière à en répéter le texte.

Après le restaurant nous sommes rentrés tôt pour prendre des forces. Le lendemain matin on s'est levés encore plus tôt pour remonter le sentier et tourner avant que les promeneurs ne commencent à passer.
Le soleil était au rendez-vous et on avait tellement bien préparé notre coup que tout s'est déroulé parfaitement.
On a donc enchaîné tous les plans d'une traite jusqu'au bas du sentier puis sur la plage jusqu'à un gros rocher au bord de l'eau où je donnais rendez-vous aux gens pour la vidéo suivante et l'ouverture des ventes.
On a repris le bateau et ensuite un bus pour rentrer à Rio.

Arrivés à Copacabana vers 20 heures on avait rendez-vous avec Xavier Vauluisant, un marketeur français installé au Brésil que j'avais rencontré lors de mon séjour précédent.
On s'est tous régalés avec un churasco (sorte de barbecue brésilien avec une grande variété de viandes) et ensuite nous sommes allés à l'aéroport où on a pris l'avion vers minuit pour arriver le lendemain mardi à Paris vers 17 heures heure française.

Sébastien et François ont repris le train direction la Bretagne et je suis rentré chez moi.
Je pense qu'on a dû tous dormir plus de douze heures d'affilée en rentrant !

En attendant l'objectif était atteint, les vidéos étaient en boîte et j'avais vécu une aventure extraordinaire pendant ces trois jours qui m'avaient fait gagner en confiance et empli de satisfaction.

Dernière ligne droite avant le lancement

Maintenant qu'on avait les images de Rio il fallait tourner les séquences sur fond vert et faire le montage. Pour cela je me suis rendu deux fois chez David Jay passer plusieurs jours pour travailler sur le projet.
David vit avec sa femme et ses deux filles à Cambrai et pendant ces quelques jours je dormais dans une chambre d'ami et je partageais les repas avec toute la famille.
David avait aménagé une pièce de sa maison pour son travail d'orthophoniste et elle lui servait également de studio vidéo avec un fond vert et toutes sortes de lampes pour l'éclairage.

Comme nous n'avions pas eu le temps de tourner toutes les séquences en décor naturel lorsque nous étions à Rio, nous avions filmé plusieurs plans que nous voulions utiliser pour remplacer les fonds verts du studio. François avait filmé des plans fixes pendant 30 ou 60 minutes, j'allais maintenant tourner les séquences chez David, sur fond vert, et il allait ensuite m'incruster sur ces plans fixes.

La difficulté de cet exercice consiste à recréer un éclairage qui soit proche de la réalité pour que les ombres sur moi correspondent à celles qui apparaissaient dans les plans fixes. Cela demande un travail méticuleux pour changer le paramétrage des lumières petit à petit jusqu'à arriver à un résultat satisfaisant.

Nous avions un prompteur relié à une pédale que je commandais au pied et je pouvais donc avancer et arrêter le défilement du texte. David en plus d'être très compétent en vidéo est quelqu'un de particulièrement dynamique et d'encourageant. Il m'a énormément aidé à me décoincer pour tourner les vidéos, en plus de me souffler des indications précieuses sur les intonations à donner au texte pour être plus convaincant.
Lorsqu'on lit un long texte il est impossible de garder un niveau d'énergie élevé, donc à chaque fois que mon intonation ou mon volume sonore s'affaiblissait, David me faisait un signe pour me dire de mettre plus d'énergie.

Pour la vidéo de vente on avait tourné un plan fixe de la plage d'Ilha Grande. On attendait le script de Sébastien et quand il est arrivé on était pris par le temps et on a donc tourné la vidéo de vente (la plus importante de toutes) un soir après 22 heures !
Inutile de vous dire que pendant cette période il n'y avait pas de dimanche ni de week-end.
J'étais concentré sur mon objectif et c'était tout ce qui comptait sur moi. Quant à David, il devait composer avec sa famille mais il était dans la même optique que moi et partageait ma motivation. Je dois saluer le travail qu'il a réalisé car il a passé plusieurs nuits blanches pour terminer les vidéos dans les temps et le travail qu'il a accompli est remarquable.

David avait créé de son côté une formation qui s'appelait « La Révolution Vidéo » dans laquelle il expliquait comment faire du marketing en vidéo (de la conception du message de vente jusqu'au montage des vidéos en passant par le tournage). Le lancement avait eu lieu au début du mois de septembre 2011, un peu avant le mien, mais David avait été un peu déçu par le résultat :

il n'avait fait qu'un peu plus d'une centaine de ventes pour un chiffre d'affaires d'environ 200 000 euros (la formation était facturée 2 000 euros).

En fait, c'est le soutien de Christian Godefroy qui lui avait manqué.

Heureusement j'ai eu plus de chance puisque Christian a fait la promotion de mon lancement.

On a publié la première vidéo le mardi 27 septembre à 10 heures.

Le travail de fond que j'avais réalisé avec les partenaires payait car j'avais au total une cinquantaine d'affiliés, dont les plus grands noms du webmarketing français (Christian Godefroy, Olivier Roland, Cédric Vimeux pour ne citer qu'eux).

Tout ce travail semblait maintenant porter ses fruits et les résultats semblaient vouloir dépasser toutes nos espérances.

Ma formation Bloguer Gagner valait 1 000 euros et j'espérais faire au moins 200 ventes.

Si j'en faisais 300, ça commençait à être bien et au-delà de 400 ventes ce serait vraiment fabuleux !

Dès le début du lancement on a senti un enthousiasme incroyable.

La première vidéo a vite dépassé les 1 000 commentaires en quelques jours. On s'est retrouvés littéralement écrasés par le nombre de commentaires et d'emails reçus auxquels il fallait répondre. J'engageais donc rapidement un ami blogueur pour quelques jours afin de m'épauler dans cette tâche.

On a reçu tellement de messages pendant cette période que je dois avouer que beaucoup n'ont même jamais été lus.

Un autre signe qu'on a remarqué et qui nous semblait être un bon présage c'est que plusieurs affiliés avaient manifesté leur intérêt pour acheter la formation.

Nous avons publié les 3 premières vidéos à quelques jours d'intervalle (le mardi, le vendredi et ensuite le lundi) et dans la troisième

vidéo je donnais rendez-vous à tout le monde pour l'ouverture des ventes le mercredi suivant.
Le mardi soir, la veille de l'ouverture des ventes, j'ai enregistré une courte vidéo dans laquelle je disais qu'il y avait plus de 12 000 personnes qui s'étaient inscrites pour 500 places de disponibles et donc qu'il n'y aurait pas de place pour tout le monde.
C'est ce qu'on appelle dans un lancement « l'œil du cyclone », une technique pour mettre plus de pression et créer davantage d'attente juste avant l'ouverture des ventes.

Cela faisait maintenant un an que nous travaillions sur projet.
Les résultats allaient-ils dépasser nos espérances ?
Nous allions enfin le savoir…

Le jour le plus long

La veille de l'ouverture des ventes Sébastien était en train de peaufiner la page de vente et le processus de paiement pendant que David terminait la vidéo de vente.
Vers deux heures du matin j'étais épuisé et je me suis endormi pendant que Sébastien et David continuaient à travailler. J'ai réglé mon réveil pour me lever tôt.
L'ouverture des ventes était programmée pour 11 heures du matin heure de Paris.
La veille on avait envoyé un email pour que les gens s'inscrivent sur une liste prioritaire. On a donc d'abord envoyé un email à cette liste prioritaire à 10h30, puis à 11 heures on a envoyé un email sur la liste générale et la plupart des affiliés ont envoyé un email à leur liste à ce moment-là.

La vidéo de vente durait 35 minutes, et le bouton pour commander la formation n'apparaissait qu'au bout de 25 minutes, après que j'aie présenté le programme et les bénéfices de la formation.

De 10 h 30 à 11 heures il ne s'est rien passé. L'attente était angoissante. Puis, un peu avant 11 heures la première vente est tombée.
Ensuite une deuxième quelques minutes puis tard.
Puis une troisième.
Ensuite plus rien pendant 10 minutes.

Et enfin c'est arrivé.
Ce pour quoi on avait tellement travaillé.

Une vente. Puis une autre. Puis encore une autre. Chaque minute il y avait une nouvelle vente.
Vers 14 heures on a dépassé la barre des 100 ventes, ce qui correspond à 100 000 euros de chiffre d'affaires.

On était comme des dingues. À chaque fois que je rafraichissais la page du logiciel de paiement je voyais de nouvelles ventes.
Les résultats dépassaient nos espoirs les plus fous.
À la fin de la journée on avait réalisé plus de 200 ventes.
Les gens pouvaient régler en 1 fois 997 euros ou en 6 fois 197 euros, donc je ne touchais pas tout l'argent tout de suite.
Le lendemain matin j'ai touché tous les paiements par carte bancaire pour les paiements en une fois et la première mensualité des paiements en 6 fois et ce sont 117 000 euros qui étaient tombés sur mon compte.

117 000 euros !

C'est difficile de décrire la sensation qu'on éprouve lorsque l'on se connecte sur le compte de sa banque pour constater que, tout à coup, le solde est positif de plus de 100 000 euros.
C'est une sensation incroyable de pouvoir et d'accomplissement.
Je n'avais jamais vu autant d'argent sur un compte en banque.
Mais le lancement venait juste de commencer, et il ne fallait pas se relâcher.

Le lendemain de l'ouverture des ventes le monde a été secoué par l'annonce de la mort de Steve Jobs. Les médias ne parlaient que de ça, et les ventes ont été plutôt faibles.
Il faut savoir que lorsque vous faites un lancement vous avez un pic de ventes à l'ouverture dû à l'engouement créé pendant le pré-lancement, et à nouveau un pic de vente à la fermeture des ventes car les gens savent qu'ils doivent agir maintenant si ils veulent en profiter.
Entre les deux les ventes sont beaucoup plus faibles, même si vous envoyez un email tous les jours sur la liste de lancement.
Ce deuxième jour par exemple on a du faire une quinzaine de ventes.
Un très bon moyen de raviver les ventes c'est d'organiser un événement pendant le lancement.
On a donc annoncé un webinaire qui a eu lieu le vendredi soir. C'était une version améliorée du webinaire que j'avais animé précédemment, sauf que ce jour-là plus de 800 personnes étaient présentes.
C'était incroyable de prendre la parole en se disant qu'au même moment, chez eux devant leur ordinateur, tous ces gens m'écoutaient.
J'étais transporté par l'enthousiasme qu'avaient manifesté les abonnés à ma liste de diffusion pendant le lancement et je pense avoir donné une prestation convaincante puisqu'à l'issue du webinaire on a réalisé une cinquantaine de ventes dans la soirée.

On avait annoncé la fermeture des ventes le mardi et tous les jours on renvoyait des emails sur la liste de lancement pour maintenir la pression.
Après le webinaire on avait annoncé la possibilité de régler en 12 fois 99 euros. L'idée c'était qu'après avoir « épuisé » les personnes capables de payer en une fois 997 euros ou en 6 fois 197 euros, on allait maintenant permettre à davantage de personnes de rejoindre la formation en proposant un échéancier de paiement abordable au plus grand nombre.

L'objectif incroyable des 500 ventes paraissait maintenant à notre portée.

Il est mieux de fermer les ventes un soir à minuit car on peut envoyer un email le matin et un autre en fin de journée mais vu qu'on était proche du but on a décidé de fermer les ventes le mardi à midi.

Détail amusant, le thème du lancement c'était bien sûr le voyage, et au moment de la fermeture des ventes nous étions à l'aéroport Roissy-Charles de Gaule avec Sébastien. Nous prenions l'avion pour Scottsdale, dans l'Arizona, où avait lieu le séminaire annuel de Jeff Walker, le créateur de la méthode des lancements orchestrés aux États-Unis.

À midi pile on était donc attablés dans un petit café de l'aéroport quand Sébastien a mis hors ligne la page de vente et l'a remplacée par un message annonçant que les ventes étaient fermées.
Nous avions joué avec cette situation dans les emails de relance puisque le dernier message s'intitulait: «dernier appel avant embarquement» et j'y expliquais que j'étais sur le point de prendre l'avion et que c'était la dernière chance pour rejoindre Bloguer Gagner.

On avait dépassé de peu les 500 ventes.

Avec les chèques qui sont arrivés par la poste quelques jours plus tard, nous avons totalisé 515 ventes en deux semaines, soit un volume de ventes de plus de 500 000 euros.
À l'époque, ça a été le plus gros lancement avec affiliés réalisé sur le marché francophone.

Ce succès massif avait également de lourdes conséquences. Je ne le savais pas encore, mais le travail n'était pas terminé.

En réalité il ne faisait que commencer.

PARTIE 3

LE PREMIER MILLION

L'aventure américaine

Avec Sébastien, nous sommes arrivés à Phoenix vers 20 heures et on a pris un taxi pour rejoindre les membres du groupe Mastermind de Jeff Walker qui dinaient dans un restaurant de Scottsdale, une banlieue chic de Phoenix.

Jeff Walker, l'inventeur des lancements orchestrés aux Etats-Unis, avait lancé son groupe l'année précédente et Sébastien et Olivier Roland l'avaient rejoint car ils avaient rencontré beaucoup de succès avec le lancement d'Agir & Réussir en France.

Jeff réalise deux lancements de sa formation « Product Launch Formula » par an et chaque année en octobre il organise un séminaire de trois jours auquel il invite tous les clients qui ont acheté sa formation dans l'année. La réunion du groupe Mastermind se tient sur deux jours avant le séminaire annuel.

En tant qu'invité de Sébastien je participais aux repas du soir avec les membres du groupe mais pendant leurs réunions je restais à travailler dans ma chambre d'hôtel.

Il y a 9 heures de décalage entre Phoenix et Paris donc tous les jours je me levais aux alentours de 4 heures.

J'en profitais pour répondre par email aux questions que me posaient les membres inscrits à ma formation, jusqu'au petit déjeuner vers 8 heures.

Les réunions du groupe mastermind débutaient à 9 heures et en fin de journée nous allions dîner avec des membres du groupe ou des personnes inscrites au séminaire. Je me couchais vers 23 heures et le lendemain matin ça recommençait.

Pendant ce séminaire j'ai postulé pour rejoindre le groupe mastermind de Jeff. Le tarif était de 14 000 dollars… pour une année.
Il fallait remplir un questionnaire pour expliquer ses motivations. Pour l'équipe de Jeff, c'est à la fois un moyen de filtrer les candidats et aussi un moyen de rendre leur mastermind encore plus irrésistible (puisque c'est au candidat qu'il revient de les convaincre de le laisser rentrer !)

Je n'ai pas vraiment hésité car les lancements avaient montré leur efficacité en France et je voulais côtoyer des entrepreneurs à l'international. David a également postulé pour rejoindre le groupe.

Juste après le séminaire de Jeff nous avons pris un avion avec Sébastien pour nous rendre à Los Angeles.

« Train the trainer »

Quelques semaines auparavant Sébastien était allé à un séminaire à Londres organisé par « Peak potential », l'entreprise de T. Harv Eker, l'auteur du best-seller *The millionaire mind*[1] Il y avait été invité par un ami qui avait reçu deux places gratuites et c'est là qu'il avait acheté un autre séminaire intitulé « Train the Trainer » (« former le formateur » en français) pour apprendre à vendre et organiser des séminaires.
Il m'avait parlé de ce séminaire qui devait se tenir à Los Angeles et j'avais décidé de m'y inscrire également pour un tarif de 3 000 dollars.
Dans la Cité des Anges, nous étions logés dans un grand hôtel juste à côté de l'aéroport et le séminaire avait lieu dans un salon

1. En français : *Les secrets d'un esprit millionnaire. Maîtrisez le jeu intérieur de la richesse*, éd. du Trésor caché, 2008.

immense de cet hôtel. On avait une après-midi de libre entre notre arrivée à Los Angeles et le début du séminaire.
Mais on devait impérativement réaliser un document destiné aux affiliés du lancement de Bloguer Gagner et il était impossible d'aller faire un tour.
Je me retrouvais donc à contempler le décor depuis la fenêtre de ma chambre d'hôtel avec la mine attristée d'un chien privé de sortie.
Le séminaire commençait le soir même. Je n'étais jamais allé à un événement d'une telle ampleur. Il y avait 500 participants dans la salle et c'était vraiment impressionnant à voir.

Le séminaire durait 5 jours, du lundi au vendredi et je dois dire que ces 5 jours ont été un vrai calvaire pour moi car je n'ai pas du tout accroché.
Je me sentais mal à l'aise en présence de tant d'inconnus, et je n'accrochais pas avec les exercices imposés qu'il fallait réaliser en groupe. Les séances duraient toute la journée et les pauses étaient chronométrées.

Pour les repas, on marchait souvent une bonne dizaine de minutes le long de la route avant de rejoindre un restaurant dont les prix étaient abordables. Et certains jours le séminaire durait jusqu'au milieu de la nuit.

J'ai essayé de prendre un maximum de notes car je pensais un jour organiser des séminaires mais je n'avais qu'une hâte c'était d'en finir. Sébastien lui était comme un poisson dans l'eau et avait sympathisé avec plusieurs personnes. Il notait scrupuleusement chaque information et participait à chaque exercice avec l'enthousiasme d'un enfant dans un magasin de bonbons.

Le dernier jour était consacré à des exercices et j'en profitais pour m'échapper en appelant Valerie, une Américaine d'origine

mexicaine rencontrée lors de mon séjour à Cracovie en Pologne l'année précédente.
Elle est passée me prendre à l'hôtel et on est allés faire un tour sur les célèbres plages de Santa Clara et Santa Monica où j'ai enfin pu découvrir les environs de Los Angeles.
Le soir venu nous sommes allés dîner dans un restaurant japonais à Santa Clara, des amis à elle sont venus nous rejoindre et plus tard ils m'ont déposé à l'hôtel.

Ce break m'avait vraiment fait du bien.

Je n'avais pas été assidu pendant le séminaire mais j'avais découvert quelque chose d'important. À ce séminaire il y avait 500 personnes. Plus de la moitié avaient payé un package à 14 000 dollars pour accéder à tous les séminaires de Peak Potential dans l'année.
Sachant qu'en moyenne, pour des raisons de contraintes d'agenda ou par choix, ils ne devaient pas assister à plus de 5 séminaires par an, ça veut dire que chaque séminaire, dont celui-ci, leur coûtait 3 000 dollars.
L'autre moitié de l'auditoire, des gens comme moi et Sébastien, avaient payé 3 000 dollars pour assister à ces cinq jours de séminaire.
Cela voulait donc dire que ce séminaire allait générer un chiffre d'affaires de 1,5 million de dollars en l'espace de quelques jours !

Évidemment, il y avait des coûts importants : la location de la salle, la logistique, le staff, les intervenants, mais il était évident que j'avais en face de moi une énorme machine à faire du cash !
Détail amusant, T. Harv Eker n'était même pas présent ! Il y avait deux ou trois intervenants différents qui se sont succédé et une seule vidéo de Harv Eker a été diffusée pendant ces 5 jours. C'est absolument tout ce qu'on a vu de lui.
Il n'avait même pas besoin de se déplacer !

Harv Eker était pour moi avant tout l'auteur d'un livre best-seller, mais je venais de découvrir l'envers du décor. Son livre était uniquement un moyen de faire venir davantage de public à ses séminaires. En effet, en achetant le livre vous receviez une invitation pour un séminaire gratuit de 2 ou 3 jours. Et pendant ce séminaire les animateurs vous vendaient un autre séminaire, cette fois-ci payant. C'est comme ça que Sébastien avait acheté sa place pour le séminaire de Los Angeles.
Et c'est comme ça qu'ils arrivaient à remplir tant de séminaires dans le monde.

Avec Sébastien, nous avons calculé que l'entreprise de Eker devait réaliser environ 70 millions de dollars de chiffre d'affaires par an.
Si je n'avais pas vraiment accroché avec le séminaire j'avais découvert une formidable machine à vendre, et ça, ça n'avait pas de prix.
Aussi, je me promis à moi-même d'organiser mon premier séminaire dans les mois qui allaient suivre pour rentabiliser cet investissement.
Le lendemain du cinquième jour de séminaire, nous reprenions l'avion pour revenir en France et poursuivre nos activités, la tête pleine de nouvelles idées.

Une lourde responsabilité

À mon retour en France je me retrouvais écrasé par le travail. Non seulement il fallait que je réponde quotidiennement par email aux questions des 500 clients de la formation, mais je décidais de réenregistrer tous les modules vidéo de la formation pour en augmenter la qualité.
J'avais acheté un meilleur micro (un Blue Yéti, parfait pour enregistrer des audios pour commencer) et surtout j'avais progressé

en diction grâce à Jean Sommer, un ami blogueur spécialiste de la voix.

On avait travaillé dur pour réussir ce lancement, on avait dépassé nos objectifs et j'avais devant moi encore plus de travail ! Je commençais vers 9 heures du matin et je travaillais souvent jusqu'à 21 ou 22 heures.

Pour renforcer l'offre de ma formation j'avais offert en bonus des séances mensuelles de coaching de groupe en direct avec moi. Ça s'appelle la « Blog Academy ».
J'ai fait la première séance quelques semaines après le lancement. Comme d'habitude j'avais une appréhension car je n'avais jamais fait ça, mais j'ai été ravi du résultat.
Visiblement les gens étaient très contents de pouvoir me poser leurs questions en direct et on a passé un moment tellement agréable qu'à l'issue de cette première session je n'avais qu'une seule envie : recommencer !

J'anime des séances de la Blog Academy tous les mois depuis octobre 2011 et c'est un excellent moyen pour moi de suivre mes clients et de les aider à avancer sur leur projet.

J'avais également proposé une rencontre à Paris avec tous les membres de la formation. J'ai donc loué une grande salle aux Docks de Paris à Aubervilliers et une centaine de personnes s'est déplacée pour m'y retrouver un dimanche après-midi en novembre 2011.
Les gens m'ont littéralement dévorés ce jour-là !
La salle était pleine et je ne pouvais pas faire un pas sans que quelqu'un me salue et me pose des questions. J'avais invité David Jay et Olivier Roland qui sont venus pour participer et répondre aux questions. J'avais également invité Jérémy, un jeune Français

qui avait travaillé avec moi en Australie et dont je connaissais le sérieux.
À ce moment-là, Jérémy avait le projet de partir faire un tour du monde et je l'avais contacté pour lui dire que je pourrais lui proposer un travail qu'il pourrait faire tout en voyageant.
Lors de notre rencontre il a vu de ses propres yeux que ça marchait bien et c'est comme ça qu'il est devenu la première personne que j'ai embauchée.
Son travail consistait à m'aider sur le support de la formation et par la suite il est devenu une sorte de super assistant, effectuant toutes les tâches que je peux déléguer pour me permettre de me concentrer sur le marketing, la stratégie et les partenariats.

Ayant vendu énormément de formations il était clair pour moi que j'avais maintenant l'envergure pour monter une équipe et mettre en place une structure permettant de fournir un service de grande qualité.
J'ai toujours eu pour projet de créer une activité pérenne dans le temps. Certaines personnes auraient pu « partir avec la caisse » mais pour ma part je trouve ça idiot. Mon objectif c'était d'avoir des clients satisfaits qui continuent à m'acheter des produits. Quand ils avancent dans leur projet, mon entreprise gagne de l'argent. Tout le monde est heureux.

Bien sûr ça a été loin de se passer aussi facilement, mais c'était ma vision au départ. Vraiment, j'aime ce métier et mon objectif était de durer.
Mais la suite allait s'avérer plus compliquée que prévu…

Vincent du Costa Rica

« Si vous aidez suffisamment de personnes, alors vous gagnerez très bien votre vie. »

Zig Ziglar

En décembre 2011 je suis parti passer un mois en Colombie avec Lorena. Avec sa famille nous sommes allés passer quelques jours dans la ville de Pasto, près de la frontière avec l'Equateur.

J'avais une clé 3G qui me permettait de me connecter au réseau mobile et de faire le minimum sur Internet. Chaque jour je passais un peu de temps à répondre par email aux questions des membres. Nous étions dans une petite maison perchée dans les montagnes à quelques kilomètres de Pasto.

Vincent, un membre de la formation, avait choisi le paiement en douze fois 99 euros. Il vivait au Costa Rica avec Melissa, une costaricienne rencontrée en France et qu'il avait suivie dans son pays.

Je l'avais aidé à choisir le nom de domaine pour son blog, vert-costa-rica.com, un blog sur la thématique du Costa Rica.

Vincent m'a contacté par email pour me dire qu'il ne pouvait plus payer les échéances de 99 euros par mois et il demandait la possibilité de suspendre la formation le temps qu'il vende sa voiture en France.

Si quelqu'un m'avait parlé de vendre sa voiture pour financer la formation j'aurais essayé de l'en dissuader mais vu qu'il s'agissait de sa voiture en France et qu'il vivait au Costa Rica ça ne m'a pas paru être dangereux pour sa situation financière.

Je lui ai dit « pas de soucis », j'ai suspendu ses règlements et son accès et je lui ai souhaité bonne chance.

Quelques semaines plus il avait vendu sa voiture et il m'a recontacté pour reprendre la formation.

Bien lui en a pris car très vite il a décroché un contrat publicitaire grâce à son blog et il a gagné 680 euros en moins de 3 mois !

Au total, sur la première année, Vincent a gagné en moyenne 500 euros par mois avec la publicité, ce qui lui a permis de démissionner de son emploi pour se consacrer à temps plein au développement de son blog.
La deuxième année il a lancé son premier produit sur son blog en suivant la méthode que j'enseigne dans Bloguer Gagner : faire un sondage sur sa liste d'abonnés et créer un produit qui réponde parfaitement aux attentes de ses lecteurs.

Dans le cas de Vincent il y avait plusieurs thématiques qui ressortaient : apprendre l'espagnol au Costa Rica, voyager au Costa Rica et s'installer au Costa Rica.
Il faut savoir que Vincent avait à peine 23 ans et vivait au Costa Rica depuis un peu plus d'un an seulement. Son niveau d'espagnol était beaucoup trop faible pour donner des cours, et il n'avait pas assez visité le pays pour prétendre faire un guide de voyages.
Il a donc décidé de partager son expertise en créant un guide sur l'expatriation au Costa Rica : les démarches administratives pour s'installer, les bons plans, les écueils à éviter.
Je l'ai aidé dans le choix du titre pour faire ressortir un bénéfice clair et c'est ainsi qu'est né « S'installer au soleil : Le guide de l'expatriation au Costa Rica ».
J'ai aussi donné un coup de pouce à Vincent pour la page de vente du guide afin de la rendre plus lisible et plus accrocheuse.

À ce moment-là, Vincent avait 2 000 personnes sur sa liste d'abonnés. Il a réalisé un petit lancement à l'occasion duquel son guide était proposé à 17 euros au lieu de 27.
Pour ce lancement Vincent a réalisé 2 000 euros de chiffre d'affaires en deux semaines, et par la suite il a continué à vendre son guide au prix normal de 27 euros, au rythme d'une vingtaine par mois.
La rédaction et la commercialisation de ce guide a permis à Vincent de gagner en moyenne 1 000 euros par mois la deuxième année,

500 euros provenant des publicités sur son blog et 500 euros de la vente de son guide.

Pour la petite histoire je suis allé rendre visite à Vincent et sa femme deux fois au Costa Rica. À chaque fois nous sommes allés sur la côte caribéenne passer quelques jours et parler de son business. C'était l'occasion pour moi de visiter un nouveau pays et de passer quelques jours en compagnie d'un de mes élèves.
J'avais un ami qui avait un site Internet sur l'Australie et qui avait établi un partenariat avec une société qui propose des assurances de voyage. J'ai donné le nom de ce contact à Vincent qui a établi un partenariat pour proposer des assurances de voyage pour le Costa Rica et empocher une commission pour chaque vente réalisée. Ce simple conseil lui a permis de faire 160 euros en plus en un seul mois dès le début, et de faire croître son chiffre d'affaires mois après mois.

Lors de ma dernière visite au Costa Rica, en août 2013, j'ai été ravi de voir que Vincent avait tout l'avenir devant lui. Maintenant qu'il travaille à temps plein sur son blog et qu'il a davantage de moyens, il peut recommencer à voyager et à décrocher plus de partenariats.
C'est ainsi qu'il a noué des partenariats pour proposer de la location de voiture sur son blog et toucher des commissions dessus. Mais surtout, il a maintenant l'expérience requise pour lancer son propre guide de voyage au Costa Rica.
Imaginez-vous, il va concurrencer le Routard et le Petit Futé, alors qu'il a commencé par un simple blog, tout seul chez lui !

Vincent me confiait qu'il est très souvent approché par des lecteurs qui veulent le contacter lors de leur venue au Costa Rica. Il est devenu une « star » dans son domaine en quelque sorte. Et surtout, avec les nombreux services qu'il peut proposer et sur lesquels il peut toucher une commission (vente de billets, hébergement,

assurance, location de voiture, excursions), et avec la vente de ses propres produits, je suis sûr que Vincent va pouvoir gagner 2 000 euros par mois la troisième année, puis 3 000 euros, et ainsi de suite.
Dans quelques années il va se retrouver à la tête d'une belle affaire qui lui permettra de vivre confortablement dans le pays de son choix en faisant un métier qu'il aime, en choisissant son temps de travail et en regardant l'avenir avec assurance.

Une dernière anecdote sur Vincent : il a une formation de cuisinier et il n'écrit pas très bien.
Son secret ? Il paye un correcteur pour relire ses articles et ça lui permet de ne pas être freiné par ce handicap.
La force de Vincent ? Il est sérieux et constant.
Lors de notre première rencontre il m'a confié qu'il avait suivi toute la formation que je proposais et qu'il avait pris des notes scrupuleusement dans un cahier. À cause du décalage horaire il ne pouvait pas assister aux séances de la Blog Academy mais il écoutait systématiquement les enregistrements que je mets à disposition sur le site privé de la formation.

Vincent ne s'est pas laissé arrêter par les difficultés. Il a suivi les conseils de la formation tout en sachant que ce qu'il faisait n'était pas parfait. Mais ce faisant il a eu des résultats et il a beaucoup appris.
Et aujourd'hui il est à la tête d'un blog qui lui permet de gagner sa vie au soleil.
C'est une belle illustration de ce qu'il faut faire pour réussir sur Internet.
« Fait est mieux que parfait. »
N'oubliez jamais ça si vous voulez réussir sur Internet.

Allez sur http://bloguer.tv/bonus/ pour découvrir l'interview de Vincent dans laquelle il explique comment il a développé son business Internet au Costa Rica à partir de son blog.

Le business modèle pour faire un million d'euros en ligne facilement

En janvier 2012 nous étions à San Diego avec Sébastien, Olivier et David pour assister à ma première réunion avec le groupe mastermind de Jeff Walker.
C'était impressionnant de me retrouver avec Jeff, l'inventeur de la méthode des lancements orchestrés, un entrepreneur qui faisait environ 4 millions de dollars de chiffre d'affaires par an.
Tous les membres du groupe étaient adorables et je ne perdais pas une miette des discussions malgré la fatigue du décalage horaire qui rendait parfois les choses difficiles !

Après la réunion avec le groupe mastermind dans le centre de San Diego on est allés passer quelques jours dans un hôtel situé au bord de la mer.
On profitait du jacuzzi et de la salle de sport de l'hôtel, et on en avait également profité pour tourner quelques vidéos de contenu au bord de l'eau.
Je partageais une chambre avec Sébastien et il m'a montré un article de blog qui m'a scotché.

Il s'agissait d'une blogueuse américaine qui analysait le business en ligne d'une femme dans le domaine du webmarketing.
Elle faisait des hypothèses sur ses ventes et elle montrait comment cette blogueuse devait faire certainement plus d'un million de dollars en ligne.

Elle proposait des produits de formation à 97 ou 197 dollars, d'autres à 497 dollars et d'autres encore à 997 dollars.
Enfin elle avait un groupe mastermind pour lequel le droit d'entrée était de 5 000 ou de 10 000 dollars.
L'article se basait sur des informations dont disposait l'auteur pour montrer que le total des ventes de cette blogueuse dépassait certainement le million de dollars par an.

Je ne connaissais ni l'auteur de l'article ni la personne dont elle faisait l'analyse. C'est quelque chose qui m'est arrivé de nombreuses fois depuis. À vrai dire, presque à chaque fois que je vais aux États-Unis je découvre un entrepreneur dont je n'ai jamais entendu parler et qui fait au moins un million de dollars sur Internet.
Certains d'entre eux sont même capables de véritables exploits.
Par exemple Vrinda Normand qui a rejoint le groupe mastermind de Jeff en même temps que moi. Vrinda est capable de faire 500 000 dollars de ventes en proposant l'inscription à son groupe mastermind lors des séminaires de 3 jours qu'elle anime et auxquels ne participent qu'environ 150 personnes. Ça fait plus de 3 000 dollars de ventes par personne dans la salle !
Vrinda doit avoir à peu près 20 000 personnes inscrites sur sa liste de diffusion, elle n'est pas très connue, et pourtant elle a gagné plus d'un million de dollars en 2012. Son concept : elle aide des femmes entrepreneurs à développer leur entreprise.

Ces informations m'ont confirmé dans l'idée qu'il fallait que je développe toute une gamme de produits allant de la simple formation à 97 euros à l'inscription à un groupe mastermind à plusieurs milliers d'euros.
J'allais développer cette gamme de produits sur la durée car je ne voulais vendre que des produits dans des domaines où j'avais obtenu des résultats. Hors de question de reprendre une formation

qui existait déjà ailleurs et d'essayer de le revendre aux abonnés de ma liste.

Ça allait me prendre du temps mais ce n'était pas un problème car j'aime ce que je fais et je préfère fonctionner de cette manière.

Pour vendre un groupe mastermind il faut faire un séminaire. C'est de cette manière que Jeff Walker et Vrinda vendent les leur. Problème : à cette époque-là je n'avais jamais organisé de séminaire.
J'avais suivi la formation « Train the Trainer » à Los Angeles pour laquelle j'avais investi 3 000 dollars et je savais maintenant qu'il me fallait devenir bon dans l'organisation et l'animation de séminaires pour pouvoir vendre un jour mon propre mastermind. Je me suis donc fixé comme objectif pour l'année 2012 d'organiser mon premier séminaire.

Comment devenir conférencier

Donc, début 2012 j'ai compris qu'il fallait que je devienne capable d'animer des séminaires. D'une part parce que ça allait me permettre un jour de vendre mon mastermind, mais aussi parce que je considère que ça fait partie de mon métier d'expert. Et puis ce n'est pas donné à tout le monde de parler en public, donc le défi me plaisait bien.

Sur les conseils de Sébastien j'avais lu *Fire up your presentations & Fire up your results*, un livre de Tom McCarthy sur la meilleure façon de préparer une intervention en public ou dans la presse.
Un excellent conseil que j'avais retiré du livre c'était « Pour chasser le stress ne pensez pas à vous mais pensez à l'impact que vous voulez avoir sur votre auditoire ».

Comme je voulais me former plus spécifiquement à la création et à l'animation de séminaires j'ai lu également *Marketing and promoting your own seminars and workshops* d'un marketeur américain nommé Fred Gleeck.
Dans ce livre il explique comment créer un séminaire, comment le vendre, et ensuite comment assurer la présentation.

J'ai aussi pris des cours avec Valentin Becmeur, un spécialiste de l'éloquence et des présentations en public à qui j'avais donné des conseils pour le développement de son blog.

Étant donné que depuis 2007 je vis une vie radicalement différente (d'abord avec mon aventure en Australie, puis ensuite avec mon entreprise sur Internet et mes voyages), je voulais créer une formation qui enseignerait aux gens à faire la même chose.
C'est ainsi que j'ai créé le séminaire « Gagnez votre indépendance ».
J'ai tourné quelques vidéos pour en faire la promotion sur ma liste au mois de mars 2012 et j'ai vendu une trentaine de places à 197 euros pour un séminaire d'une journée.
Pour le lieu un ami m'avait recommandé une salle dans un bel hôtel parisien à deux pas de la place de la Madeleine.
La location du l'endroit me coûtait 400 euros et l'impression des manuels environ 200 euros donc au final il me restait un bénéfice d'environ 4 500 euros hors taxes.
Comme je l'avais appris, un séminaire était l'endroit idéal pour vendre un produit. A vrai dire, je ne me sentais pas vraiment capable de le faire mais David Jay m'a fortement encouragé à me lancer et j'ai décidé de tenter ma chance.

J'avais donc créé un deuxième séminaire dont le nom était « Créez et Vendez » et dont la promesse était que l'on y apprendrait à créer des produits d'informations et à les commercialiser. J'avais prévu de vendre les inscriptions à ce deuxième séminaire à la fin du premier.

Le jour J je me suis levé tôt pour arriver en avance à l'hôtel. Il y avait déjà des personnes présentes qui étaient venues de loin. Le séminaire a commencé et j'avais appris par cœur mon introduction qui durait environ 5 minutes.

Je me suis senti nerveux pendant les premières minutes mais ensuite c'était passé.

Ça y est, j'étais conférencier !

À la fin de la journée j'ai présenté mon offre pour mon deuxième séminaire et un quart des personnes présentes dans la salle se sont inscrites, ce qui est tout à fait correct comme résultat.

Après avoir discuté quelques temps avec les participants je suis rentré chez moi (un ami m'avait loué un studio pour deux mois près de Bastille). J'en ai alors profité pour regarder les réponses au questionnaire de satisfaction que j'avais distribués aux participants (une technique apprise dans le livre de Fred Gleeck).

Et là j'avoue que je suis tombé des nues.

Les notes sur la présentation étaient bonnes (autour de 8/10), mais les notes sur le contenu l'étaient beaucoup moins.

Dans cette catégorie j'ai eu beaucoup de « 5/10 », ce qui était une manière polie de me dire que les gens n'étaient pas satisfaits.

Comme à chaque fois que je vends un produit j'avais proposé une garantie de remboursement et j'ai eu deux personnes qui ont demandé à se faire rembourser.

Cela m'a vraiment fendu le cœur, non pas pour les remboursements (l'opération restait toujours rentable) mais parce que, à l'évidence, j'avais déçu des gens.

Du coup, pour en savoir un peu plus, j'ai contacté deux participants du séminaire que je connaissais un peu. Il y avait Jean-Yves, l'auteur du blog potiondevie.fr, et Jean-Luc, un autre client de ma formation « Un blog qui rapporte en 31 jours ».

Je leur ai demandé qu'est-ce qui selon eux n'avait pas marché lors de mon séminaire et ce que je devrais faire pour l'améliorer.

J'avais fait des erreurs dans la création du programme mais la plus grosse erreur que j'avais faite c'est que ça restait trop théorique. Dans un séminaire vous devez profiter de la présence des gens en face de vous pour les faire réfléchir et travailler sur leur propre situation afin de les amener à trouver des solutions.
À chaque fois qu'on donne un conseil il faut prévoir une question à poser aux participants et à laquelle ils faut les amener à répondre. Cela a énormément de valeur parce qu'au quotidien, on a tous « la tête dans le guidon » et on ne prend jamais le temps de faire le point et de « penser stratégie ».

Donc si vous donnez des informations intéressantes et qu'en plus les participants repartent du séminaire avec les idées claires sur leur stratégie et des actions précises à mettre en place, alors vous avez réussi votre séminaire.
Si, en plus, vous êtes sympathique et que vous leur faites passer un bon moment, alors ils seront fans de vous.

J'ai consacré un mois entier à préparer mon second séminaire en tenant compte de ces remarques et « Créez Vendez » qui s'est tenu en avril 2012 a été un vrai succès. Les participants se sont même levés spontanément pour m'applaudir à la fin de la journée.

Fin 2012 j'ai organisé une autre session de la version corrigée de mon premier séminaire « Gagnez votre indépendance » et les participants ont été satisfaits.

Donc, si on récapitule : j'ai fait des erreurs mais ça ne m'a pas empêché d'avancer. J'ai appris de ces erreurs, j'ai trouvé des solutions et au final j'ai réussi à atteindre mes objectifs.
Et j'ai découvert que j'adorais parler face à un public.
Le fait d'avoir les gens en face de soi, de pouvoir interagir avec eux, de pouvoir les faire rire, je trouve ça extraordinaire.

L'expérience de ces trois séminaires allait me permettre fin 2013 d'animer un grand séminaire devant plus de 100 personnes et d'atteindre mon nouvel objectif: proposer et vendre mon propre groupe mastermind.

Le copywriting

Voilà un mot qui ne fait pas rêver, n'est-ce pas?
Le copywriting»!
Le copywriting c'est l'art d'écrire des pages de vente. La première fois que je suis tombé sur ce mot c'était en 2008. J'avais découvert Christian Godefroy, expert en écriture de page de vente et donc en «copywriting».
À cette époque ce mot m'avait paru plutôt pompeux. Je ne voyais pas vraiment l'utilité d'écrire des pages de vente. C'est quand j'ai lancé mon premier produit, ma formation «Un blog qui rapporte en 31 jours», que j'ai pris conscience de la nécessité de me former dans ce domaine.
En effet, ce n'est pas quelque chose qui s'improvise et il faut travailler pour rédiger une page de vente qui tienne la route et qui permette d'atteindre l'objectif: faire des ventes.

Le premier livre que j'ai lu sur le copywriting c'est *Power Copywriting for the Internet* de Bob Serling. La lecture de ce livre reste associée à de très bons moments pour moi. D'abord parce qu'elle coïncide avec le lancement de ma formation «Un blog qui rapporte en 31 jours» qui a été un vrai succès (10 000 euros de chiffre d'affaires en quelques semaines), mais aussi parce que je l'ai lu en grande partie lors de mon séjour à Rio de Janeiro en juillet 2011.

Je logeais dans une auberge de jeunesse nichée à flanc de montage, dans le quartier de Botafogo. Des petits singes qui vivent dans

les arbres venaient jusque sur mon balcon pour chercher de la nourriture, le ciel était totalement bleu et on avait vue sur la statue du Christ Rédempteur qui surplombe Rio.
J'ai pris beaucoup de plaisir à lire ce livre qui était simple mais captivant et qui contenait beaucoup d'informations intéressantes.

Comme une bonne page de vente en somme !

Apprendre à écrire des pages de vente a totalement changé ma manière de rédiger. Ça m'a permis de comprendre beaucoup de choses sur la manière dont les gens utilisent Internet.
Jakob Nielsen, un expert de l'ergonomie sur Internet, a dit un jour : « Vous voulez savoir comment les gens lisent sur Internet ? C'est bien simple, ils ne lisent pas ».

En fait, la plupart des gens « scannent » les pages sur Internet, à la recherche d'informations intéressantes.
C'est pour ça que les articles à liste comme « X astuces pour… » sont aussi populaires. Avant même de cliquer pour lire l'article les gens savent qu'ils vont pouvoir parcourir rapidement la liste, glaner les informations intéressantes (au passage se rassurer en vérifiant qu'il n'y a pas des informations importantes qu'ils ne connaissent pas) et repartir.

Un autre conseil important : quand vous écrivez une page de vente vous avez la possibilité de mettre en place un split-test (parfois appelés test A/B).
En général le taux de conversion pour une page de vente est compris entre 1% et 5%, c'est-à-dire que pour 100 visiteurs, entre 1 et 5 achètent le produit que vous proposez.
Vous pouvez donc tester deux pages distinctes (ou davantage) en même temps sur des destinataires différentes et regarder celle qui convertit le mieux les lecteurs en acheteurs.
Ensuite, il n'y a plus qu'à garder la page la plus efficace.

On peut ensuite tester une autre version contre la meilleure page pour essayer d'améliorer encore le ratio.
C'est une véritable méthode scientifique pour optimiser petit à petit une page de vente, et donc pour augmenter les profits.

Voici trois conseils qui fonctionnent pour une page de vente, un article de blog ou une vidéo :

- **partir d'une promesse** : au début d'une page de vente il y a une accroche. Dans une vidéo de contenu je ne vais pas commencer par un générique, ni même par ma présentation, ni même par un simple « bonjour » mais je vais commencer tout de suite par faire une promesse pour inciter les gens à regarder la suite : « dans cette vidéo vous allez découvrir trois moyens pour augmenter le trafic sur votre blog ». En effet, si votre promesse n'accroche pas les gens et qu'ils ne regardent pas la suite, le reste importe peu ;

- **utiliser du vocabulaire simple**, faire des paragraphes courts et bien aérés : les gros blocs de texte dissuadent les lecteurs. Il faut aérer le texte pour le rendre plus facile à lire. Il faut aussi éviter le jargon et utiliser des mots simples.
  En face de vous vous avez des gens intelligents qui sont presséss et qui ont l'attention d'un enfant de 7 ans en train de jouer à la console.
  Donc cherchez toujours à leur faciliter la tâche.
  Il y a un livre de référence sur l'ergonomie web qui s'appelle *Don't make me think* de Steve Krug (« Ne me faites pas réfléchir » en français), ce n'est pas pour rien.
  N'oubliez jamais : plus les gens lisent ou regardent le contenu que vous leur proposez, plus vous allez pouvoir les convaincre et les inciter à passer à l'achat.
  Ce qui nous amène justement à mon troisième et dernier conseil ;

- **incitez explicitement votre auditoire à passer à l'action.** Par exemple, sur les blogs on voit souvent à la fin d'un article une phrase comme : « N'hésitez pas à laisser un commentaire ». Bon, c'est bien, les gens savent qu'ils peuvent laisser un commentaire. Merci pour eux. Mais combien d'entre eux vont le faire ?
  Pour les faire interagir, Interpelez-les, posez-leur une question qui appelle une réponse : « Et vous, est-ce vous avez déjà… ? »
  Ensuite, dites-leur franchement de passer à l'action : « Répondez à cette question dans les commentaires ci-dessous ».
  C'est de cette manière que je termine tous mes articles et que je conclue toutes mes vidéos.

Depuis j'ai lu une dizaine de livres sur le copywriting, et j'ai même créé une formation sur le sujet (« Comment écrire des textes qui rapportent »).
J'essaye de lire un livre sur le copywriting tous les deux ou trois mois. Même si je connais bien le sujet ça me permet toujours de glaner de nouvelles idées, et je vous recommande fortement de le faire également. Malheureusement, il y a peu de livres de qualité en français sur le sujet (tous les livres que j'ai lus sont en anglais).

Le groupe Platinum

« Si vous êtes la personne la plus intelligente de la pièce, c'est que vous n'êtes pas dans la bonne pièce. »

Brian Kurtz, Directeur marketing de Boardroom, membre du groupe mastermind de Jeff Walker

En octobre 2011 je me suis inscrit au groupe mastermind de Jeff Walker dont le nom est « Platinum » pour la coquette somme de 14 000 dollars.
En janvier 2012 a eu lieu la première rencontre du groupe à laquelle je participais, dans un bel hôtel du centre historique de San Diego.
Il y avait une trentaine de personnes, pour la plupart des entrepreneurs venus des quatre coins du monde : États-Unis, Angleterre, Australie, Japon, Norvège, Brésil, et bien sûr la France avec Sébastien, Olivier, David et moi.

La rencontre durait deux jours. La veille du premier jour une activité était organisée par l'équipe de Jeff et on avait dû résoudre tout un tas de défis insolites dans les rues de la ville. C'était une bonne manière de faire connaissance avec les autres membres du groupe.
Il y avait des stars dans ce groupe.

Erico Rocha avait créé une entreprise au Brésil qui vendait un logiciel permettant aux investisseurs de trouver les ventes aux enchères de biens immobiliers qui se tenaient près de chez eux. Il achetait du trafic sur Google AdWords, amenait les visiteurs à s'inscrire à sa liste de diffusion et ensuite il les relançait avec une série d'emails, de vidéos et de webinaires qui avaient pour but de leur faire acheter son logiciel qui coûtait 1 000 dollars.

Il était monté à 300 000 dollars de chiffre d'affaires par mois ce qui lui permettait de se verser 100 000 dollars de salaire mensuel. Par la suite son activité a décliné mais il s'est lancé avec succès dans le marketing Internet au Brésil.

John Gallagher était dans une situation financière difficile quand il a décidé de créer un jeu de table sur le thème des plantes naturelles. Il en a vendu 26 exemplaires et s'est retrouvé avec un stock de boîtes invendues sur les bras (ou plutôt, dans sa salle de bains et dans son garage).
Il a alors investi 2 000 dollars dans la formation de Jeff et lors de son premier lancement il a vendu plus d'une centaine d'exemplaires de son jeu. Il a ensuite développé toute une gamme de produits sur le même thème et notamment un site privé dont l'accès est réservé aux membres de sa liste moyennant un abonnement de 10 dollars par mois.
John a depuis dépassé le million de dollars de chiffre d'affaires par an.

Quant à Julie Cairns, elle dirige depuis l'Australie une entreprise qui propose des formations destinées aux particuliers qui veulent investir en Bourse. Cette entreprise réalise plus de 10 millions de dollars de chiffre d'affaires par an.

En fait, la plupart des membres du groupe Platinum de Jeff Walker font entre 1 et 10 millions de dollars de chiffre d'affaires par an.

Lors de cette première rencontre chaque personne est passée devant le groupe pendant 10 minutes pour présenter son activité et demander des conseils. C'est le principe des groupes mastermind : il ne s'agit pas d'un cours mais d'une rencontre avec d'autres entrepreneurs pour partager son expérience et obtenir des conseils personnalisés sur sa situation.

Il y a trois rencontres par an : en janvier, en juin à Durango (une petite ville charmante du Colorado où vit Jeff) et en octobre à Scottsdale, juste avant le grand séminaire annuel.
Entre les rencontres, les membres peuvent utiliser une adresse email pour poser des questions et obtenir des réponses. C'est très utile quand on est au beau milieu d'un lancement ou lorsque l'on on a un doute sur la bonne stratégie à mettre en œuvre.

Il est difficile de calculer le retour sur investissement que l'on tire d'une participation à un groupe mastermind, mais pour ma part, je sais que le groupe Platinum m'a permis de réaliser plusieurs dizaines de milliers d'euros de chiffre d'affaires supplémentaires.

Au cours de l'année 2013, un membre du groupe a partagé une stratégie pour vendre des produits à plusieurs milliers de dollars et je l'ai appliquée avec succès pour vendre mon propre mastermind fin 2013 et réaliser 60 000 euros de ventes en l'espace de deux semaines.
Au départ j'allais aux rencontres en traînant un peu les pieds mais à chaque fois je revenais boosté et la tête pleine de nouvelles idées.
Pour maximiser le temps et l'argent investis dans le groupe voici ma méthode :

- prendre un maximum de notes pendant les deux jours que dure le séminaire. Au départ j'utilisais un cahier mais maintenant j'utilise une application de mindmapping (Ithoughts HD sur Ipad) ;
- demander systématiquement à m'exprimer devant le groupe pour obtenir des conseils adaptés à ma situation (ce n'est pas obligatoire, il faut en faire la demande) ;
- pendant la rencontre, établir une liste d'actions à réaliser dès mon retour et fixer des objectifs concrets pour la rencontre suivante.

Je suis devenu accro à ces rencontres et c'est pourquoi j'ai renouvelé mon inscription les années suivantes.
En effet, il ne s'agit pas uniquement de business, mais également de passer du temps avec des gens que j'apprécie pour leurs qualités humaines. Ces personnes ont réussi et sont dans une optique de partage et d'entraide.
Comme par exemple Ruth Buczynski, une Américaine qui a utilisé une partie de ses bénéfices pour fonder une école au Pakistan.
Personne ne l'a obligée à le faire, et pourtant elle a pris sur son temps et son argent pour faire vivre ce projet.

« Si vous voulez réussir, fréquentez des gens qui ont réussi. »

C'est simple. C'est efficace. Ça marche.

Combien je gagne ?

« Tant que je gagne je joue. »

Le Belge dans le sketch de Coluche

Peut-être vous demandez-vous combien je gagne ? C'est une excellente question à laquelle je réponds toujours avec plaisir.
Quand j'ai commencé mon aventure en mars 2010 je ne gagnais que quelques dizaines, parfois quelques centaines d'euros par mois et je touchais encore mes allocations chômage donc je ne percevais aucun revenu provenant de ma société.
J'ai arrêté de toucher mes allocations en septembre 2010 et à partir de ce moment j'ai commencé à me verser 1 000 euros par mois.
Après le lancement réussi de ma seconde formation en août 2011 j'ai passé ma rémunération de gérant à 1 500 euros.
Après le lancement de « Bloguer Gagner », en octobre 2011, j'ai passé ma rémunération à 2 000 euros.

Puis, en 2012, j'ai fait passer ma rémunération à 2 500 puis 3 000 euros par mois, ce qui correspond à ce que je gagnais en tant que salarié en 2005, donc ça n'a rien d'exceptionnel.

Mais ce n'est pas tout à fait comme ça que je vois les choses.

Quand on est salarié en général on «subit» son travail et on essaye de gagner un maximum pour épargner et mettre de côté pour l'avenir en espérant un jour avoir assez d'économies pour s'arrêter et profiter de sa retraite, ou pour abandonner un travail qu'on n'aime pas vraiment.

Ça ressemble peut-être à votre situation?

Dans mon cas, c'est différent. Je fais un travail que j'aime, en choisissant les heures auxquelles je le fais et les gens avec qui je travaille.
Et surtout, j'ai l'ambition de faire quelque chose de très grand. J'ai le sentiment que c'est ma mission.

J'ai grandi dans une banlieue populaire en région parisienne. J'étais destiné au mieux à être cadre d'entreprise et à passer un tiers de ma vie entre la moquette et le faux plafond du bureau.
Aujourd'hui je vis en Colombie et je travaille depuis chez moi ou pendant mes voyages (j'écris ces lignes depuis Varadero, une petite ville au bord de la mer à Cuba). Et chaque jour qui passe est une victoire sur la vie qui avait été planifiée pour moi.

C'est la raison pour laquelle, plutôt que de me payer un salaire plus important, je préfère laisser de la trésorerie dans mon entreprise et investir dans de nouveaux projets.

Et ce ne sont pas les opportunités qui manquent.

En fait mon problème aujourd'hui c'est de choisir les opportunités les plus rentables. C'est comme un jeu. Sauf que je joue avec de vrais billets. Aujourd'hui je me verse une rémunération de 4 000 euros par mois. C'est ce que je gagnerais si j'étais resté à travailler dans mon bureau du quartier de La Défense.

Sauf que lorsque je quitte mon travail, le soir, je ne suis pas seul dans le noir à contempler les gratte-ciels avant de plonger dans le métro. Je prends mon scooter et en deux minutes je suis à la salle de gym pour faire une heure d'exercice. Ensuite je retrouve ma femme et nous allons dîner dans un petit restaurant, ou alors nous restons à la maison.
J'ai l'impression d'être en vacances, sauf que je suis en train de développer une entreprise rentable, et chaque jour qui passe je me sens plus libre et indépendant.

Et ça, ça n'a pas de prix.

Vous connaissez peut-être le sketch de Coluche dans lequel un Belge met une pièce dans un distributeur de boisson, puis une autre, puis encore une autre, et ainsi de suite. Quand on lui demande pourquoi il fait ça il répond « tant que je gagne, je joue »[1].
Eh bien, c'est exactement ce que je me dis tous les jours :

« Tant que je gagne, je joue. »

1. Je salue tous nos amis Belges, j'adore la Belgique et ses habitants et cette citation d'un sketch célèbre de Coluche ne doit pas être prise au premier degré.

Comment vendre en automatique ?

Ok donc j'avais fait un gros lancement pour « Bloguer Gagner » et un lancement plus petit pour ma formation « Un blog qui rapporte en 31 jours ».
Chaque mois je monétisais mes blogs avec la publicité et l'affiliation mais était-il possible de vendre en automatique mes produits pour avoir des revenus récurrents ?
C'est ce que je décidais de faire pour ma formation « Un blog qui rapporte en 31 jours ».

Début 2012 il y avait une formation qui avait fait grand bruit, c'est « Autoresponder Madness » ou ARM (en français « la folie de l'autorépondeur »). Un autorépondeur vous permet de programmer l'envoi automatique aux nouveaux abonnés de votre liste d'une suite de messages écrits à l'avance.
La plupart des logiciels permettant de créer une liste de diffusion offrent cette possibilité, par exemple Aweber, le logiciel que j'utilise pour gérer mes listes de diffusion.

ARM est une formation d'un marketeur anglais nommé André Chaperon. Elle explique comment mettre en place une série de messages automatiques sur son autorépondeur pour vendre de manière automatique des produits aux nouveaux abonnés. Il suffit donc ensuite d'acheter du trafic (par exemple en achetant de la publicité sur Google ou sur Facebook) et d'amener les visiteurs à s'inscrire à votre liste de diffusion pour faire des ventes en automatique.

Enfin ça c'est la théorie. Après il y a la pratique…

Étant donné que tous les jours j'avais des personnes qui s'inscrivaient sur mes blogs, l'idée était de leur envoyer une séquence d'emails pour les informer, gagner leur confiance et ensuite essayer de leur vendre ma formation.

J'ai donc acheté la formation ARM et je l'ai suivie en entier.
Cette formation a une particularité : elle fonctionne en utilisant le principe qu'elle enseigne, à savoir que chaque jour pendant un mois on reçoit un email.
André Chaperon utilise des techniques empruntées aux séries TV pour faire durer le suspens et tenir ses lecteurs en haleine. Il utilise aussi l'humour et un ton très décontracté dans ses emails, comme s'il s'adressait à un ami.
L'objectif est de gagner la confiance des lecteurs et de se positionner comme « le gars sympathique qui a de bons tuyaux pour vous ».
Mais même avec tous ces artifices suivre la formation en entier représente un certain effort.
Il faut savoir que la plupart des gens qui achètent des formations ne les suivent pas en entier, et certains pas du tout.
Ça paraît surprenant au début mais quand on y réfléchit ça ne l'est pas tant que ça.
Cela vous est déjà arrivé d'acheter un livre et de ne jamais le lire ? Moi oui.
Cela vous est déjà arrivé d'acheter un vêtement et de ne jamais le porter ? Moi oui.
Pour les formations c'est pareil. Parce que mon métier c'est de me former sans cesse je regarde presque toutes les formations que j'achète mais il y en a quand même quelques-unes que je n'ai jamais suivies.

Donc je me suis forcé à terminer la formation ARM, parce que je savais qu'en faisant cela je me placerais dans les 10% des clients qui y sont parvenus.
Ensuite, j'étais déterminé à la mettre en application, ce que ne faisaient que 5% des clients ayant acheté la formation.

« Mettre en place une séquence de messages en automatique » ça paraît simple sur le papier mais en pratique il y a pas mal de choses à faire :

- déterminer les objectifs et le produit qu'on veut vendre,
- trouver un fil conducteur (la trame des messages),
- écrire les messages,
- configurer l'autorépondeur.

Pour y arriver je décidais de procéder par étape et de commencer par quelque chose de simple, à savoir une courte séquence d'emails. C'est ainsi que j'ai écrit une séquence de 5 emails qui explique mon histoire, qui donne des conseils, qui « tease » sans cesse le lecteur sur ce qu'il y a à venir et qui fait la promotion de ma formation « Un blog qui rapporte en 31 jours ».
Quand j'ai mis en place les messages sur mon autorépondeur Sébastien les a reçus et il m'a fait des compliments en me disant que j'avais passé un cap dans l'écriture.
J'ai commencé à faire des ventes beaucoup plus régulièrement.

Ma formation était vendue 97 euros et environ une personne sur cent qui s'inscrivait à ma newsletter l'achetait, donc ça voulait dire que je gagnais un euro pour chaque inscrit à ma newsletter, et tous les jours j'avais plusieurs dizaines de personnes qui s'inscrivaient.
Ce qui est amusant c'est que j'ai juste ajouté un ou deux emails de relance mais je n'ai jamais créé de séquence fleuve sur plusieurs dizaines de jours.
En attendant j'ai trouvé un moyen de vendre en automatique sur mes blogs et d'ajouter environ 2 000 euros de revenus « passifs » par mois.

La morale : il faut agir coûte que coûte même si ce n'est pas parfait.

L'Eldorado Internet

Dans ma quête pour gagner ma vie sur Internet j'ai découvert que beaucoup de personnes avaient gagné un beau pactole dans les années passées grâce à des stratégies diverses et parfois carrément surprenantes.
Vous vous souvenez peut-être que j'avais rencontré en Ukraine en 2010 un Américain qui gagnait de l'argent avec des centaines de noms de domaine qu'il avait achetés et sur lequel il avait mis de la publicité ?
Eh bien, il y avait encore plus facile comme manière de gagner de l'argent.
En 2000, Google a lancé Google AdWords, une régie publicitaire qui permet à tout un chacun d'acheter de la publicité sur les pages des résultats de recherche de Google. Si vous avez un site qui vend des poussettes par exemple, vous pouvez faire apparaître votre publicité sur les pages de résultats affichées par Google lorsque les gens cherchent le mot « poussette » (ou tout autre mot que vous jugez pertinent) et vous rémunérez Google pour chaque clic, c'est-à-dire pour chaque personne qui clique sur une de vos publicités.
Payer de la publicité pour faire venir des visiteurs sur son site c'est ce qu'on appelle « acheter du trafic ».

Puis, en 2004, Google a lancé le programme Google AdSense qui permet à chaque éditeur de site Internet ou blogueur d'afficher les publicités des clients de la régie Google AdWords sur son site et de toucher une commission sur chaque clic !
Une petite révolution qui a permis à de nombreux éditeurs de sites Internet de les rentabiliser facilement.

Laurent Bourrelly, un des référenceurs français les plus connus, me confiait qu'en 2004 il avait réussi à placer un site en première position des résultats de recherche lorsque l'on tapait « casino » dans Google. Ce simple site lui rapportait plusieurs dizaines de milliers d'euros par mois.

À la même époque des petits malins en ont profité pour détourner le système en faisant ce qu'on appelle de l'arbitrage : acheter du trafic sur Google AdWords pour des mots clés peu coûteux (comme « balai » par exemple) et l'envoyer sur des pages contenant du texte sur des mots clés beaucoup plus chers (comme « assurance vie » ou « casino ») avec des publicités Google AdSense.

Je vous donne un exemple : vous payez de la publicité sur Google pour acheter des clics pour les gens qui cherchent le mot clé « balai ». Ça vous coûte 5 centimes par clic. Lorsqu'ils cliquent sur votre publicité, ces gens qui ont cherché le mot clé « balai » sont en fait dirigés sur une page où vous avez mis du texte sur le thème de l'assurance par exemple. Et sur cette page il y a des publicités Google AdSense qui rapportent 40 centimes pour chaque clic. Imaginons qu'un quart des visiteurs clique sur une de ces publicités. Chaque visiteur nous rapporte donc un quart de 40 centimes, c'est-à-dire 10 centimes.

Or chaque visiteur vous a coûté 5 centimes. Donc pour chaque visiteur qu'on achète et qu'on envoie sur la page on gagne 5 centimes. Plus on achète de visiteurs et plus on gagne d'argent.

De nombreux marketeurs américains ont vécu grassement de ce système entre 2004 à 2006, comme par exemple Chris Guillebeau qui s'est par la suite lancé avec succès dans le développement de son blog chrisguillebeau.com.

Mais cela s'est terminé en 2006 lorsque Google s'en est rendu compte et a pris des mesures pour y mettre fin.

Ensuite les gens sont passés à l'affiliation.

Il s'agissait d'acheter du trafic sur certains mots clés (par exemple « comment maigrir ») et d'envoyer le trafic sur la page de vente d'un produit en affiliation (par exemple une méthode qui explique comment maigrir).

L'avantage de l'affiliation, à l'époque, c'est qu'il n'y avait pas besoin de s'embêter à créer un produit. Il suffisait de choisir une offre, d'acheter du trafic, de l'envoyer sur la page de vente du produit et hop ! on commençait à faire des ventes.
Après, il n'y avait plus qu'à optimiser le processus (par exemple en mettant en place des pages de capture d'email et en relançant les gens par courrier électronique) pour rendre la campagne plus rentable.
Une fois qu'on avait une campagne rentable, plus on dépensait d'argent en entrée et plus on en gagnait en sortie.

Cyril Kriegel, un marketeur français installé à Budapest, me racontait comment il avait gagné plusieurs milliers d'euros par jour pendant les belles années, avant que Google ne fasse le ménage dans ces pratiques.
C'est en 2008 qu'est venue la première « Google slap » (la « claque de Google ») au cours de laquelle ils ont fermé les comptes de milliers d'affiliés qui se livraient à ce petit jeu.
À partir de ce moment-là Google a interdit d'acheter du trafic et de l'envoyer sur la page de vente d'un produit qui n'est pas le sien.

Quelque part je suis arrivé au bon moment, car c'est en partie grâce à cela que les blogs ont connu un tel essor à partir de 2010.
En effet, comme il était devenu beaucoup plus difficile, voire impossible, d'acheter du trafic sur Google, la plupart des marketeurs ont commencé à s'intéresser de près aux blogs pour générer du trafic ciblé sur une thématique en particulier.
Les blogs sont alors devenus le moyen incontournable pour développer une activité en ligne.

Le livre noir du blogging

« Je ne connais pas la clé du succès, mais celle de l'échec c'est d'essayer de plaire à tout le monde. »

Bill Cosby

À ce stade vous vous dites peut-être que tout est beau dans le meilleur des mondes ?
Si seulement ça pouvait être vrai.
Mais le succès et la notoriété attirent la jalousie.
Ça a commencé lors de mon premier séjour en Colombie, pendant l'hiver 2010-2011. À cette époque, un blogueur laissait souvent des commentaires critiques sur mon blog. Il avait un blog de voyage et on s'était même rencontré à Paris pour dîner et parler blogging. Il me critiquait souvent en disant que je n'étais pas un vrai voyageur car je passais mes journées à travailler sur mon blog au lieu de découvrir les pays que je visitais.
Moi qui avais à ce moment-là parcouru plus d'une vingtaine de pays, ça me fatiguait un peu d'entendre ça…
Apparemment, il a commencé à gagner de plus en plus avec son blog et l'année suivante il est parti en voyage tout en continuant à travailler à distance sur son blog…
… tout comme moi en fait !

En créant et en vendant des formations sur comment créer un blog et le rentabiliser j'ai eu plus que mon lot d'attaques et de critiques sur le sujet.
La plus violente a eu lieu fin 2012 quand un modérateur de mon forum a piraté mes blogs pour diffuser des messages diffamants à mon égard. Avec ses copains ils avaient organisé une véritable campagne de diffamation, publiant toute une série d'articles à mon sujet pour m'attaquer sur tous les angles possibles : mes compétences, mon honnêteté, et même ma coupe de cheveux !

Quelques mois plus tard, ils lançaient un site pour vendre une formation concurrente de la mienne. Ils ont fait beaucoup d'efforts pour y arriver mais visiblement ça a été un flop retentissant. Désespérés, ils en sont venus à spammer des dizaines de milliers d'adresses email pour vendre leur produit, pratique non seulement contraire aux bonnes manières sur Internet mais également interdite par la loi.
La cause de leur échec ? On ne savait pas qui était derrière leur site et il n'y avait aucun article de blog. Dans ces conditions, il était difficile de convaincre les visiteurs de leur expertise.

Un client de mes formations que j'avais pourtant beaucoup aidé en a profité pour surfer sur cette vague de dénigrement qui me touchait et publier des vidéos polémiques dans lesquelles il me critiquait sans toutefois citer mon nom. Quelques semaines plus tard, il organisait un séminaire sur le blogging où il invitait des experts (vous vous doutez bien que je n'en faisais pas partie !).
Organiser une réunion de ce type permet ensuite de créer facilement un produit en vendant les enregistrements vidéos. C'est ce qu'il a fait, en les proposant au prix de… 97 euros.
Selon mes informations il a fait au total un chiffre d'affaires de 2 500 euros, bien insuffisant pour couvrir les frais de l'événement (location de la salle, matériel pour la vidéo).
Depuis, il est passé à autre chose et il a développé un blog sur lequel il vend ses services à des particuliers, et grâce à un bon positionnement dans les moteurs de recherche il semble gagner sa vie avec.

Cette période a été très difficile à vivre psychologiquement. J'ai reçu de nombreux soutiens de clients ou de simples lecteurs mais j'ai également essuyé beaucoup de critiques de personnes souvent jalouses qui ne connaissaient pas le travail que mon équipe et moi réalisions pour aider nos clients.

Pour me changer les idées, début janvier 2013 je suis parti passer un mois à Las Vegas. Ce n'était pas vraiment l'ambiance « casinos - Pina Colada ». J'étais dans un hôtel à 30 kilomètres du centre ville, d'où j'avais une vue magnifique sur toute la vallée.
Le matin je faisais un footing d'une heure et le reste du temps je travaillais sur mes projets.
Puis, en février je suis allé rejoindre Lorena à Yopal où j'ai passé un mois.
Et puis tout s'est réglé en mars. J'ai fait une interview avec Laurent Bourrelly, le référenceur influent sur la scène webmarketing dont j'ai déjà parlé, dans laquelle j'ai expliqué ce que je faisais pour mes clients et pourquoi ces attaques étaient injustifiées.
Les gens ont été satisfaits de mes réponses et j'ai envoyé un email aux quelques clients qui avaient souhaité laisser un commentaire. Pour la plupart ils avaient gagné plusieurs milliers d'euros sur Internet grâce à mes formations et ils étaient sidérés par ces attaques.
Cette interview a mis fin à toutes les critiques, et depuis, plus personne ne s'est attaqué de nouveau à moi.

Dès le début j'ai réfléchi à la possibilité d'utiliser l'argent des ventes de ma formation pour financer un vrai projet pérenne sur le long terme.
En septembre 2012 j'ai recruté Samuel, un de mes lecteurs qui possédait plusieurs blogs qui lui rapportaient entre 500 et 1 000 euros par mois avec la publicité. Samuel s'est vite imposé comme la personne parfaite pour s'occuper du support clients. Il fait preuve d'une patience à toute épreuve et il adore aider les gens. C'est vraiment notre star du support clients !
Il a commencé par s'occuper des emails des clients et par la suite on a eu une idée : organiser des permanences en direct pendant lesquelles on allait répondre aux questions des clients.

Tous les jours du lundi au vendredi de 18h30 à 19h30 nos clients peuvent venir nous poser leurs questions en visioconférence et repartir avec une réponse !
Et s'ils sont bloqués on utilise un logiciel qui nous permet de prendre le contrôle de leur ordinateur et de débloquer la situation en leur montrant exactement la marche à suivre !
C'est ce qu'on a mis en place à partir de janvier 2013, et à ma connaissance nous sommes les seuls à offrir ce niveau de service.

Aujourd'hui, j'ai la conviction que si quelqu'un s'attaque de nouveau à moi ça me servira juste de prétexte pour me défendre et faire connaître les services de mon entreprise à encore plus de personnes, ce qui me laisse plutôt serein pour l'avenir !

Récemment j'ai lancé un nouveau blog sur comment apprendre l'anglais, anglais5minutes.fr., je vous en parle dans les pages qui suivent. J'attends le moment où des profs d'anglais ou des personnes qui possèdent un site concurrent vont me tomber dessus en disant que je ne suis pas capable d'enseigner l'anglais !

Si vous avez un blog qui est beaucoup visité, vous serez toujours critiqué ou attaqué d'une façon ou d'une autre. Acceptez-le, jouez le jeu en vous défendant, et surtout, surtout, dites-vous bien que le jour où ça arrive c'est la preuve que vous commencez à avoir du succès !

Le projet « Anglais 5 Minutes »

C'est fin 2011, juste après le lancement de « Bloguer Gagner », que j'ai eu l'idée de lancer un blog sur l'apprentissage de l'anglais. En fait l'idée m'est venue par hasard. J'avais écrit en 2009 un article sur mon blog readmeimfamous.com qui s'était placé premier dans Google.fr pour la recherche sur « Comment apprendre l'anglais ».

Il y a 4 000 personnes par mois qui cherchent cette expression dans Google et il faut savoir que la moitié des gens cliquent sur le premier résultat dans les résultats de recherche. Donc ce seul article me rapportait 2 000 visites par mois soit environ 60 visites par jour. Vu la facilité que j'avais eu pour me positionner sur ce mot-clé et étant donné qu'apprendre l'anglais est une préoccupation pour beaucoup de personnes et peut avoir beaucoup de répercussions positives dans leur vie, je m'étais dit « bingo ! », il y a du potentiel pour ce projet !

Il faut savoir que j'ai une histoire à raconter dans ce domaine.

J'étais nul en anglais à l'école. Je détestais les langues.
En fait j'étais tellement nul que j'ai eu 0 au baccalauréat ! Je suis sorti de la fac avec un Bac+5 en étant toujours incapable de parler anglais.
C'est après un voyage professionnel à l'étranger en 2004 que j'ai décidé d'apprendre cette langue.
Au bout de quelques mois je me suis fait des amis américains à Paris et trois ans plus tard je partais vivre en Australie.

La suite vous la connaissez…

En 2012 j'ai donc lancé le blog anglais5minutes.fr sur lequel j'ai publié des articles donnant des conseils pour apprendre l'anglais.
Début 2013 j'avais plusieurs milliers d'inscrits à la newsletter du blog et après leur inscription je leur proposais automatiquement de répondre à un petit questionnaire (le même que celui que j'avais utilisé sur mon blog readmeimfamous.com pour lancer ma formation avec Sébastien).
J'avais obtenu plus de 1 000 réponses. Je décidais donc de passer à l'action et de préparer un lancement sur ce blog.
J'ai étudié attentivement les réponses et j'ai trouvé que ce qui revenait souvent c'était la notion de confiance.

« Je n'ai pas assez confiance dans mon anglais », « je ne me sens pas assez confiant pour parler anglais » étaient des réponses typiques que les gens avaient laissées.

J'ai donc appelé ma formation « Parler anglais avec confiance ».
Ce n'est pas très subtil je le reconnais mais le titre traduit bien le bénéfice final promis par la formation.
Concernant le côté pédagogique j'ai fait un plan récapitulant à la fois des points de grammaire et des conseils pour apprendre l'anglais facilement au quotidien.
Il se trouve que j'ai des choses à dire sur le sujet car j'ai appris l'anglais tout seul à 24 ans passés et je suis parvenu à un niveau plus qu'honorable.
Je n'ai jamais passé de test ou de diplôme en anglais mais à titre indicatif :

- je me suis amusé à écrire un article en anglais sur mon blog en 2008. Quand je l'ai montré à une amie australienne elle m'a dit que j'écrivais mieux l'anglais que beaucoup d'Australiens ;
- quand je lis des livres en anglais je repère la plupart du temps les fautes d'orthographe ;
- je lis tous les jours des livres ou des sites en anglais ;
- plusieurs fois par an je participe à des séminaires ou des formations en anglais et j'ai réalisé plusieurs interviews en anglais.

Étant donné que j'ai appris à parler anglais tout seul, à mon rythme, avec un budget de quelques dizaines d'euros et en y consacrant seulement quelques minutes par jour, j'estime que j'ai deux ou trois conseils à partager sur le sujet.
L'idée était donc de proposer cette formation à l'anglais sur 60 jours avec une vidéo courte tous les jours pour prendre les élèves par la main et les amener à un résultat correct, partant du principe que les élèves avaient un niveau minimum acquis à l'école.

J'ai tourné les premières vidéos de formation tout seul chez moi, devant un mur blanc. Puis j'ai passé pas mal de temps sur le texte de vente.
Au final j'ai écrit une page de vente d'environ 3 000 mots dont l'accroche était « Parlez anglais dans les 60 jours qui viennent ou alors je vous rembourse ».

Plutôt *punchy*, non ?

L'objectif était qu'après avoir lu cette phrase, mes clients potentiels soient obligés de lire la suite.

La formation était proposée à 67 euros pour une durée limitée, après quoi le prix passerait à 97 euros.
C'est une stratégie classique pour inciter les gens à passer à l'achat pendant la période de lancement. En effet, même si les gens sont intéressés par votre produit, vous devez leur donner une raison d'acheter maintenant !

J'ai préparé une séquence de lancement dans laquelle je « pré-chauffais » les abonnés à ma liste de diffusion en envoyant des conseils utiles, en leur parlant de la sortie imminente de ma méthode et de ce qu'elle allait changer dans leur vie.

On a ouvert les ventes pendant une semaine et réalisé une quarantaine de ventes pour un chiffre d'affaires total de 3 052 euros (quelques personnes ont acheté la formation à 97 euros après la période de promotion, comme ça arrive toujours).

J'étais à la fois content et déçu de ce résultat.

3 000 euros pour un premier lancement c'est un résultat tout à fait honorable, mais sur une liste de 4 000 personnes ça fait 75 centimes par inscrit ce qui n'est pas incroyable (les lancements

font en général de 1 à 5 euros par inscrit sur la liste, et dans certains domaines des « stars » arrivent à faire jusqu'à 100 euros par inscrit).

En attendant, j'ai mis en place une séquence automatique de promotion de ma formation sur mon blog.
Quand les gens s'inscrivent ils reçoivent une série d'emails qui les informent et qui vendent ma formation, avec une offre à 67 euros au lieu de 97 euros pendant 3 jours.
Ça m'a permis de continuer à faire des ventes régulièrement. Pas beaucoup, quelques centaines d'euros par mois.
En octobre j'ai fait une promo flash en proposant ma formation à 47 euros au lieu de 97 euros.
Quand on fait ce type d'opération il faut toujours trouver une raison. J'ai donc utilisé le fait que ça faisait 9 ans que j'avais décidé d'apprendre l'anglais et que cette décision avait changé ma vie.
Cette promo flash a ajouté 500 euros de plus à mon compteur.

Pendant l'été j'avais eu l'idée de créer une formation, plus légère cette fois. Il ne s'agissait donc pas d'un cours en vidéo comme « Parlez Anglais avec confiance » mais d'une méthode audio d'une heure qui explique comment apprendre l'anglais facilement en quelques minutes par jour.
J'avais également créé une formation pour écrire des pages de vente que j'avais proposée à mes abonnés intéressés par le webmarketing et pour pallier le manque de ressources disponibles en français sur le sujet.

J'ai donc suivi ma propre méthode et ça m'a permis d'écrire une page de vente de 2 000 mots en 2 heures, recherches comprises.
Pas mal quand on sait que j'avais mis une semaine pour écrire la page de vente de « Parler Anglais avec confiance ».

J'ai appelé cette nouvelle formation «Devenir Bilingue en Anglais», c'est le résultat final qu'elle promet et je sais que cet objectif et cette expression sont recherchés par les gens sur Google.
J'avais dans l'idée de vendre cette formation environ 27 euros. Elle se compose de 5 fichiers audio téléchargeables depuis un site privé et accompagnés d'une fiche pratique.

J'ai fait une petite promotion en décembre 2013 pendant laquelle je proposais la méthode à 10 euros pendant deux jours. Le prix était volontairement faible car derrière j'avais utilisé une astuce très courante en marketing direct: le cross-sell.

Quand une personne achète un produit en ligne, elle est dans un état d'action et d'excitation particulier et il est beaucoup plus facile de la convaincre d'acheter autre chose juste derrière. Donc, une fois que les gens avaient réglé la méthode «Devenir Bilingue en Anglais» ils étaient redirigés vers une page qui leur proposait de commander également ma formation «Parler Anglais avec Confiance» pour 37 euros au lieu de 97 euros.
Sur cette page j'expliquais les bénéfices de la formation «Parler Anglais avec Confiance», quelle était la différence entre les deux produits (l'un est une méthode audio et l'autre est un cours en vidéo sur 8 semaines). J'expliquais aussi que les gens pouvaient tout à fait refuser cette offre et continuer leur inscription pour accéder uniquement à «Devenir Bilingue en Anglais».
Au final, un tiers des acheteurs de «Devenir Bilingue en Anglais» a acheté également «Parler Anglais avec Confiance».

Ce cross-sell m'a permis de doubler la valeur par visiteur sur la page de vente de «Devenir Bilingue en Anglais».
Au lieu de gagner en moyenne 45 centimes par visiteur je gagnais 1 euro.

Cette petite promotion sur 2 jours avec seulement 2 emails envoyés a rapporté 800 euros.
Au total, sur l'année 2013, ce blog a généré 9 000 euros de chiffre d'affaires. C'est en-dessous de l'objectif que je m'étais fixé (10 000 euros) mais ça reste un résultat correct, surtout pour un projet qui ne me prend que peu de temps.

J'envisage de le développer encore dans l'avenir. En fait, je m'en sers un peu comme d'un « laboratoire » pour expérimenter de nouvelles idées de marketing.

Vous avez envie d'apprendre l'anglais ?
Allez sur www.anglais5minutes.fr pour télécharger le guide qui vous expliquera comment apprendre l'anglais facilement et en 5 minutes par jour !

Les 4 mousquetaires

En 2012, Sébastien, David, Olivier et moi avons décidé de nous entraider pour organiser nos lancements respectifs.
En mars 2012 Olivier Roland a fait un lancement orchestré pour sa formation « Blogueur Pro ».
Pour l'occasion il a loué une belle villa à Nice et nous l'avons rejoint là-bas. On a passé une semaine pendant laquelle on l'a aidé pour son lancement. Je m'occupais de gérer les affiliés, Sébastien avait pris en charge la stratégie marketing et David allait réaliser les vidéos du lancement.
Tous les soirs on prenait la voiture pour se faire un resto dans le vieux Nice et on a passé de très bons moments.
C'était aussi l'occasion de nous retrouver car nous habitons tous dans une ville différente et on n'a pas souvent l'occasion de se voir.

C'est à cette époque-là qu'on a commencé à s'appeler « les mousquetaires » et l'expression est restée. Aujourd'hui, c'est encore comme ça qu'on fait référence au groupe.

En mai 2012 a eu lieu le lancement orchestré de Sébastien Night pour sa formation « Lancements Orchestrés ». Il a loué une villa à Guérande près de la Baule où nous avons passé une semaine très agréable.
Sébastien avait beaucoup de pression car il voulait atteindre le million d'euros de chiffre d'affaires et comme toujours dans les lancements il y a des hauts et des bas.
Il faut dire qu'un lancement de cette envergure, c'est un projet dont on a du mal à mesurer l'ampleur si on ne l'a pas vécu soi-même.
Il faut préparer la stratégie de lancement, écrire les scripts des vidéos, trouver des partenaires, tourner les vidéos, créer le site de lancement…
C'est un travail de titan qu'il vaut mieux réaliser en équipe, et c'est exactement ce qu'on faisait.

Au final le lancement de Sébastien a frôlé le million d'euros de ventes et a imposé la marque « Lancements Orchestrés » dans l'esprit du marché.

En septembre est venu mon tour de relancer ma formation « Bloguer Gagner », un an tout juste après le premier lancement qui avait généré 500 000 euros de ventes en octobre 2011.
J'avais tourné les vidéos de lancement en Colombie en août avec François, le caméraman qui nous avait assistés au Brésil l'année précédente. Je l'avais récupéré à Bogota et on avait pris l'avion pour aller sur l'île colombienne de San Andres, au large du Nicaragua.
On y avait passé cinq jours avant de prendre un bateau pour aller sur l'île de Providencia tourner la suite des prises.

Pour mon lancement j'ai loué la même maison que Sébastien car j'avais apprécié la Baule.
Mon assistant Jérémy était présent également.
Au final mon lancement a réalisé au total 450 000 euros de ventes ce qui est très bien, même si j'ai dû faire face à un piratage le jour de l'ouverture des ventes (la page de vente est devenue indisponible et il a fallu migrer en catastrophe les fichiers sur un autre site).

En mars 2013 ça a été au tour de David Jay. Il a relancé sa formation « La révolution vidéo » qu'il n'avait pas promue depuis septembre 2011.
Il s'était écoulé beaucoup de temps entre ses deux lancements car l'activité principale de David était son activité de vente de formations en orthophonie.
Pour cette occasion il a loué un chalet à Saint-Gervais et on s'est régalés. On est allés plusieurs fois faire du ski (même David a pu en profiter) et il avait invité des partenaires et des clients qui venaient passer quelques jours.
Le soir on prenait un bain dans un jacuzzi en extérieur ou bien on allait au sauna. J'ai passé là-bas l'un des meilleurs moments de ma carrière.

David a mis la barre très haut pour ce lancement. Les vidéos étaient de véritables chefs-d'œuvre (David est spécialiste de la vidéo mais il a en plus un vrai talent pour l'écriture) et apportaient une tonne de contenu tout en amenant subtilement les gens vers sa formation.
Ce fût un beau succès également puisque David a fait environ 300 000 euros de chiffre d'affaires.
Après cette série de lancements nous étions devenus autonomes pour faire nos propres lancements, indépendamment les uns des autres.

Cette histoire illustre bien qu'il est important de ne pas rester tout seul dans son coin. Pour réussir vous devez avoir un écosystème de partenaires sur lesquels vous pouvez vous appuyer.
Quelqu'un qui a du succès ce n'est pas quelqu'un qui est bon dans tout, mais c'est en général quelqu'un qui est très fort dans un ou deux domaines.
Devenez excellent dans un domaine et trouvez des partenaires pour vous aider à faire le reste.
Bien sûr, on peut réussir seul… mais c'est beaucoup plus difficile et aléatoire, or, ce que vous voulez, c'est mettre toutes les chances de votre côté.

Le spécialiste de la mémoire

Jean-Yves a été l'un des premiers clients de ma formation «Un blog qui rapporte en 31 jours» en juillet 2011. Il a créé le blog potiondevie.fr qui donne des informations sur les moyens d'améliorer sa mémoire et ses facultés intellectuelles.
Je dois dire que je n'avais pas vraiment pressenti le potentiel de son blog.

J'avais tout faux.

Jean-Yves est un passionné de développement personnel qui se forme depuis des années en dévorant des livres, en suivant des formations et en allant à des séminaires.
Il a publié des articles régulièrement (environ un par semaine), démontrant une réelle expertise dans son domaine mais aussi un humour certain et il a commencé à se constituer un auditoire.
Je me souviens d'une vidéo postée sur Youtube dans laquelle il récitait en 2 minutes les 50 États des États-Unis.
La vidéo était tournée simplement, sans aucun moyen technique, et pourtant le message était là: Jean-Yves avait visiblement

des compétences particulières dans le domaine de la mémorisation, et il ne les devait pas à un don particulier mais aux méthodes qu'il utilisait.

9 mois après le lancement de son blog il a décidé de lancer un guide au format PDF qui avait pour but d'aider le lecteur à améliorer sa mémoire et qu'il avait titré : *Napoléon joue de la cornemuse dans un bus*.

Plutôt original comme titre !

La liste de Jean-Yves avait été sensibilisée à la problématique de la mémoire à travers plusieurs articles parlant de ce sujet et il était prévu de proposer le guide à un tarif promotionnel pendant une durée d'une semaine.

La veille du lancement Jean-Yves m'appelle à l'aide pour sa page de vente et, horreur, il y a beaucoup de travail à faire !
J'ai passé une bonne heure avec lui tard un dimanche soir pour l'améliorer. Au final ce premier lancement a généré 1 500 euros de ventes et a positionné Jean-Yves comme un expert dans le domaine (à partir du moment où vous avez écrit un livre ou développé un produit sur un sujet, votre perception en tant qu'expert augmente fortement).

Vous vous dites que 1 500 euros ce n'est pas beaucoup mais pour Jean-Yves, qui travaille comme bibliothécaire dans une université de province, c'est l'équivalent de son salaire mensuel !
Et surtout, ce n'était qu'un début.
L'année suivante il a lancé sa formation Synapse, une formation en vidéo à 147 euros sur la motivation. En faisant 4 lancements de sa formations dans l'année et en continuant à vendre son guide il a plus que doublé son salaire.

Fin 2013 il a lancé son nouveau guide: *RGMP: Roi, Guerrier, Magicien, Poète»* qui décrit les 4 types de personnalités à découvrir pour mieux se connaître soi-même et améliorer ses relations avec les autres.
Cette fois-ci il a réalisé 1 500 euros de ventes… en 24 heures!

Aujourd'hui Jean-Yves se dirige vers une carrière d'auteur/expert en proposant toujours plus de produits et de livres.
Il s'éclate dans son travail, il aide des gens et ça lui permet de très bien gagner sa vie!

Vous ne trouvez pas ça chouette, vous?
Moi, si!

Allez sur http://bloguer.tv/bonus/ pour télécharger l'interview de Jean-Yves et l'entendre raconter comment il a lancé un blog qui lui rapporte l'équivalent de son salaire.

Comment réussir sur Internet en partant de 0

Il y a un sujet que j'aimerais clarifier avec vous.
C'est à propos de l'éthique.
Parlons franchement: il y a un tas d'arnaques sur Internet.

Beaucoup de pseudo-experts cherchent à vous y vendre des méthodes prétendument miracles.
À l'opposé, ce qui fait ma réussite et la réussite de mes élèves c'est notre intégrité.
Pour vendre sur Internet avec intégrité il y a une formule très simple:
«Ne vendre que des résultats qu'on a soi-même obtenus»

Si je n'ai jamais gagné un euro en ligne ça ne sert à rien de faire un site dans lequel je vais donner des conseils pour gagner sa vie sur Internet.
Pourtant, vous n'imaginez pas le nombre de gens qui font cette erreur. Ils imaginent qu'en cachant la vérité (le fait qu'ils ne gagnent pas d'argent sur Internet) ils vont commencer à faire des ventes et qu'ainsi ils seront crédibles et ils pourront vendre plus.
Le problème c'est qu'on ne gagne pas en crédibilité en racontant des mensonges. Et aujourd'hui les gens sentent à un kilomètre les arnaques sur Internet.

Heureusement il y a une stratégie à la fois très simple et très efficace pour se faire une place sur Internet en tant qu'expert même en partant de zéro. Et le plus beau ? C'est que ça demande d'être totalement honnête.
Vous ne me croyez pas ? C'est pourtant comme ça que j'ai réussi…

L'idée c'est de dire sur votre blog que vous êtes un débutant mais que vous souhaitez devenir bon dans le domaine que vous avez choisi.
Par exemple sur mon blog readmeimfamous.com j'ai annoncé en toute franchise que je voulais gagner ma vie avec mon blog et voyager.

Quand vous adoptez cette stratégie les avantages sont multiples :
- on est obligé de vous croire puisqu'au départ vous dites que vous êtes débutant et vous n'avez rien à vendre ;
- vous racontez une histoire et les gens adorent ça. Ils savent qu'il y a des choses à venir et ça les encourage à revenir sur votre blog ;
- en suivant votre histoire et votre progression les gens s'attachent à vous et surtout ils deviennent convaincus de votre expertise puisqu'ils ont suivi votre ascension.

Du coup, quand vous développez et proposez un produit vous avez un noyau dur de « fans » qui vont se précipiter dessus ;

- un autre détail mais qui a son importance. Lorsque vous êtes un expert vous avez tendance à oublier ce que c'était d'être un débutant et quelles étaient vos difficultés ou vos interrogations. Mais lorsque vous avez été un débutant il n'y a encore pas si longtemps c'est beaucoup plus facile pour vous de comprendre ce qui bloque les débutants et de les aider. Vous êtes un expert beaucoup plus accessible et donc plus à même d'aider vos clients. Et ça, votre audience va le sentir intuitivement.

C'est exactement la stratégie que j'ai adoptée, et ça a parfaitement fonctionné.
Beaucoup de gens souhaitent gagner de l'argent sur Internet, et mon histoire était l'occasion pour eux de voir s'il était possible de gagner rapidement plusieurs centaines d'euros avec un blog.

Ensuite, pour se former et partager sa progression sur son blog il n'y a rien de plus facile : lire des livres, suivre des formations, aller à des séminaires, interviewer des experts, montrer ses résultats. Les possibilités sont sans fin.

Bien sûr ça demande du travail, mais le jeu en vaut la chandelle.
« Expert » c'est pour moi le meilleur métier au monde.
Pas de patron. Pas d'horaires. Des fans qui vous adorent. Des clients que vous aidez. Des passages dans les médias.

Un blog c'est aujourd'hui la plateforme idéale pour se faire connaître en tant qu'expert, même si vous partez de zéro.

Ça a marché pour moi.

Ça a marché pour d'autres.

Ça marchera aussi pour vous.

Business Rapide

« Si vous voulez réussir,
doublez votre taux d'échec. »

Thomas J. Watson (ex-Président d'IBM)

En 2013 j'ai décidé de créer une nouvelle formation sur le webmarketing, à 1 000 euros, pour être moins dépendant des revenus et des lancements qui provenaient de ma formation Bloguer Gagner… et pour voir ce que ça donnerait.

Là encore, j'ai fait appel à un consultant marketing pour m'épauler sur ce lancement.
Il avait travaillé pour plusieurs partenaires au cours des mois précédents donc je savais qu'il était compétent. On a fait un sondage sur ma liste et on a passé une journée complète à analyser les réponses. Le résultat c'était que les gens voulaient lancer un business sur Internet, mais certaines personnes disaient que ça prenait du temps de développer un blog.
On a donc décidé de partir sur une promesse de vente qui ferait comprendre aux gens qu'ils allaient pouvoir obtenir des résultats rapidement.

C'est ainsi que j'ai créé la formation « Business Rapide ».

Je me suis creusé la tête pour trouver des moyens de faire en sorte que les élèves gagnent leurs premiers euros rapidement. J'ai donc utilisé la méthode du « Lean Startup », à savoir lancer un produit très rapidement, même non abouti, pour l'améliorer ensuite en prenant en compte les retours des premiers utilisateurs.

Même si quelqu'un n'avait pas d'idée je lui montrais comment gagner de l'argent en proposant ses services comme rédacteur web, ce que n'importe qui peut faire.

J'ai réalisé un webinaire pour tester l'offre. Pendant une heure j'ai donné des conseils utiles pour créer un business sur Internet puis j'ai présenté l'offre pour la formation Business Rapide à 997 euros.
J'ai précisé que la formation commencerait un mois plus tard, mais que si les gens s'inscrivaient maintenant ils auraient droit en bonus à l'enregistrement vidéo d'un de mes séminaires.
Il y a avait un peu plus d'une centaine de personnes connectées au moment où j'ai présenté l'offre et j'ai fait 8 ventes, donc le taux de conversion était tout à fait correct.

Maintenant que l'offre était validée je pouvais envisager de faire un lancement avec partenaires (ça ne sert à rien de demander à des partenaires de faire la promotion d'une offre qui n'a pas été testée).

J'ai donc tourné des vidéos de lancement chez moi avec mon assistant Jérémy et on a aussi tourné les premières vidéos de la formation.
Au final on a fait 120 000 euros de ventes sur une liste de 5 000 personnes. Ca représente, à nombre de personnes égales sur la liste, deux fois moins de ventes que ce que j'avais obtenu avec mes lancements de Bloguer Gagner.

Pourtant, une élève a suivi mon programme et a fait deux ventes de 500 euros. Daniel, un autre élève a vendu pour la première fois une formation pour devenir pizzaïolo.
Je voulais pousser mes élèves à avoir un maximum de résultats donc j'ai littéralement «mouillé le maillot» en proposant

avec les 4 modules de la formation 4 séances de coaching en direct chaque semaine.
La dernière séance a eu lieu depuis une auberge de jeunesse de Bogota. Il y avait un noyau dur d'une trentaine de personnes connectées, des fans qui avaient été ravis de pouvoir échanger avec moi, et j'ai senti beaucoup d'émotion.

Si ce lancement a été décevant en termes de ventes il nous a permis d'apprendre beaucoup de choses.
Dans le domaine de l'édition et du webmarketing, on ne peut cartonner à chaque fois.
Et puis en tant qu'entrepreneur il faut s'attendre à avoir des échecs.

En fait, plus on se trompe rapidement et plus on apprend vite.
Donc n'ayez pas peur et foncez, vous ferez certainement quelques ventes et surtout vous récupérerez toujours des informations importantes sur votre marché qui vous serviront par la suite pour développer votre entreprise.

Christine Oleassence

C'est par hasard, parce qu'elle avait laissé un commentaire sur un blog, que j'ai fait la connaissance de Christine, fin 2012.
Elle expliquait avoir rejoint la formation Bloguer Gagner en octobre 2011 et gagner maintenant plus de 2 000 euros par mois avec les produits qu'elle vendait sur son blog à l'adresse : www.oleassence.fr
Le nom de Christine m'était parfaitement inconnu. Elle ne m'avait jamais contacté par email. Elle n'avait jamais contacté le support. Elle n'avait jamais participé aux séances de la Blog Academy.

Par contre elle avait suivi scrupuleusement tous mes conseils et elle était passée de 200 euros à 2 000 euros de chiffre d'affaires par mois avec son site.

Christine est pharmacienne. Il y a quelques années elle a décidé de quitter son emploi de salariée dans un grand groupe pharmaceutique pour se lancer à son compte et vendre des produits cosmétiques destinés à lutter contre les problèmes de peau.
Elle a donc lancé une boutique de e-commerce à l'adresse oleassence.com et grâce à la formation Bloguer Gagner elle a également lancé le blog oleassence.fr
Sur ce blog elle publiait des conseils pour vaincre les problèmes de peau, et ça lui a permis d'attirer un trafic quotidien de plusieurs milliers de visiteurs.
En leur donnant des conseils utiles et sincères (Christine recommande aussi d'autres produits sur lesquels elle ne touche pas de commissions) elle oriente certains de ses visiteurs depuis les articles de son blog vers sa boutique en ligne et c'est comme ça qu'elle vend ses produits sur Internet.
Le succès a été tellement fort qu'en 2013 Christine s'est attelée à un gros chantier : confier la production et toute la logistique (la préparation et l'envoi des colis) à une société sous-traitante.

Fin 2013 le blog de Christine recevait près de 3 000 visiteurs par jour et sa boutique en ligne réalisait plus de 16 000 euros par mois de chiffre d'affaires.
Mais Christine est également devenue une véritable experte dans son domaine puisqu'elle organise maintenant des formations en présentiel pour enseigner à des professionnels ou à des particuliers comment créer eux-mêmes des produits cosmétiques naturels pour la peau.
En novembre 2013 l'une des ces formations d'une semaine a réalisé 10 000 euros de chiffre d'affaires.

Après le succès de sa boutique et de ses formations Christine a de grands projets pour la suite : créer des formations à distance pour transmettre son expertise et développer son activité. Autant dire que Christine va pouvoir certainement doubler son activité dans l'année qui vient, tout en réalisant des marges beaucoup plus importantes sur la partie vente de formations.

Ce qui a fait le succès de Christine :

- elle a appliqué scrupuleusement les conseils de la formation. Comme elle me l'a dit « elle n'a pas cherché à comprendre », elle a appliqué la méthode sans se poser plus de questions ;
- elle a persisté sur la durée. Elle n'a pas abandonné à la première difficulté et elle a continué à publier des articles. C'est ça qui lui a permis d'attirer toujours plus de trafic et de commencer à faire des ventes ;
- ses produits viennent soigner une douleur forte et urgente. Si elle proposait des savons fantaisie par exemple elle aurait beaucoup plus de mal à les vendre car chez les acheteurs potentiels il n'y a pas la même souffrance ni la même urgence : si j'achète ce savon fantaisie c'est sympa, si je ne l'achète pas ça ne va pas changer ma vie. Au contraire, Christine propose ses produits à des visiteurs (des femmes pour la plupart) qui ont des problèmes de peau qui pèsent sur leur vie (vergetures, etc.). C'est une souffrance qu'elles vivent au quotidien. Et du coup elles sont beaucoup plus motivées pour trouver une solution.

Il faut comprendre que pour réussir à gagner de l'argent sur Internet il ne faut pas vendre un produit mais un résultat.
Quand vous allez chez le médecin parce que vous avez une douleur horrible qui vous fait souffrir vous vous moquez parfaitement du nom du médicament (le produit) qu'il va vous prescrire. Tout ce que vous voulez c'est que la douleur s'arrête ! (le résultat)

Les gens n'achètent pas un produit. Ils achètent un résultat, une expérience, des émotions.

Posez-vous la question : quel est le bénéfice FINAL du produit que vous vendez ? Il y a deux manières de motiver les gens : éviter la douleur et avoir du plaisir.

Dans les deux cas il faut que vous vous demandiez quel est le bénéfice FINAL de ce que vous proposez.
Pour cela il y a une technique très puissante issue de l'approche « Lean » inventée dans l'industrie automobile au Japon, c'est la technique des « 5 POURQUOI ?».
Il s'agit de poser la question « pourquoi ? » plusieurs fois jusqu'à trouver la motivation finale.

Pourquoi est-ce qu'une personne achèterait votre produit ?

Prenons l'exemple de mon blog anglais5minutes.fr qui propose des formations pour apprendre l'anglais.

- Pourquoi quelqu'un veut-il apprendre l'anglais ?
  Pour parler anglais.
- Pourquoi quelqu'un veut-il parler anglais ?
  Pour pouvoir avoir une promotion dans son travail.
- Pourquoi quelqu'un veut-il avoir une promotion dans son travail ?
  Pour avoir plus d'argent.
- Pourquoi quelqu'un veut-il avoir plus d'argent ?
  Pour pouvoir emmener sa famille en vacances (par exemple).
- Pourquoi quelqu'un veut-il emmener sa famille en vacances ?
  Pour les rendre heureux.

On peut poser autant de fois que l'on veut la question « pourquoi ? » L'idée c'est de creuser pour obtenir les vraies motivations qui sont derrière.

Donc vous voyez, à la base on a un simple produit, mais au final on a des motivations beaucoup plus importantes.

Vous n'êtes pas dans le business de la vente de produits, vous êtes dans le business de la vente de résultats, de bénéfices.

Les bénéfices que proposent les produits de Christine à ses clients sont de résoudre leurs problèmes de peau pour qu'ils aient une meilleure image d'eux-mêmes et qu'ils se sentent plus heureux.

Et ça, ça change leur vie.

Et vous, quel est le bénéfice FINAL du produit que vous proposez ?

Allez sur http://bloguer.tv/bonus/ pour télécharger l'interview de Christine et découvrir comment elle réalise plus de 16 000 euros de chiffre d'affaires par mois avec son blog et sa boutique en ligne.

Pourquoi certains réussissent et d'autres pas ?

Je gagne ma vie avec mes blogs et j'accompagne des blogueurs depuis 2010. J'en ai vu beaucoup réussir mais je dois avouer que la majorité a échoué.
Pourquoi ? C'est ce que je vais vous expliquer dans les lignes qui suivent.

Raison numéro 1 pour échouer : ne pas y croire.
Si vous pensez que c'est impossible de gagner de l'argent sur Internet avec un blog alors il n'y aucune chance pour que vous y arriviez.

Quand j'ai mis de la publicité sur mon blog à mon arrivée en Australie en 2007 je n'y croyais pas vraiment et du coup je n'ai pas vraiment insisté. J'ai juste fait le minimum sans chercher à bien faire et je n'ai pas obtenu de résultats, ce qui m'a conforté dans mon idée qu'il était impossible d'y arriver !

Avec ce livre j'ai l'espoir de vous faire comprendre que c'est possible de réussir.

Si vous n'y croyez toujours pas alors allez à des événements, rencontrez des blogueurs en vrai. C'est ce qui m'a fait prendre conscience qu'il était possible d'y arriver.
D'ailleurs, la différence entre ceux qui réussissent et ceux qui échouent ce n'est souvent pas une question de talent mais c'est bien souvent beaucoup plus simple, et c'est la deuxième raison pour échouer : y croire mais ne rien faire.

C'est l'immense majorité de ceux qui échouent. Ils attendent d'avoir l'idée parfaite pour se lancer.
J'ai une question pour eux : comment est-ce qu'ils peuvent avoir l'assurance qu'une idée est bonne ou pas s'ils ne la testent pas ?
Personne ne va le faire à leur place.
Bien sûr il y a plusieurs méthodes pour évaluer la rentabilité d'une thématique pour un blog :

- regarder si des annonceurs sont prêts à payer de la publicité sur cette thématique (par exemple en regardant le coût au clic dans Google AdWords) ;
- regarder s'il existe des produits dans cette thématique (livres, produits d'information, produits physiques…) ;
- regarder si d'autres sites gagnent de l'argent sur cette thématique (au passage s'il n'y en a pas c'est mauvais signe, contrairement à ce que l'intuition nous dicte je préfère aller sur un marché où il y a déjà des sites qui gagnent de l'argent).

Mais en définitive ce n'est pas l'idée qui fait le succès, c'est ce qu'on en fait.
La plupart des gens attendent je ne sais quoi pour se lancer, ou bien démarrent un blog, publient une dizaine d'articles dessus et ensuite arrêtent parce qu'il n'y a pas de résultats.

Pour réussir il faut essayer VRAIMENT.

Par exemple en vérifiant d'abord que la thématique choisie a du potentiel et ensuite en publiant au moins 50 articles sur ce blog pour attirer un nombre significatif de visiteurs.

Après, on peut mettre de la publicité et créer un produit et là on pourra dire qu'on aura vraiment essayé.
Mais pas avant.

Enfin, parmi ceux qui y croient et qui agissent, ceux qui échouent le font, à mon avis, parce qu'ils n'arrivent pas à se démarquer.
Pour se démarquer il faut essayer de faire quelque chose en plus que ne font pas les autres.
Ça peut être de publier trois articles par semaine (ce qui est beaucoup) quoi qu'il arrive.
Ça peut être de raconter une histoire en se lançant un défi pour tenir ses visiteurs en haleine de jour en jour.
Ça peut être en se rapprochant des plus grands experts de sa thématique pour apprendre à leur contact.

Mais au final, ce qui fait que les gens réussissent c'est davantage de la persévérance que du talent.
Woody Allen a dit un jour « 80% du succès vient juste du fait de faire ».

Et la réalité c'est que la plupart des gens n'essayent même pas.

Ils se trouvent des excuses : « je publierai mes articles quand j'en aurai 15 parfaitement optimisés », « je ferai la promotion de mon blog quand je serai satisfait du design ».
Ce qu'ils n'ont pas compris c'est que la perfection ça ne veut strictement rien dire.
Si je relis mes premiers articles de blog je trouve qu'il y a de bonnes choses mais je vois plein d'erreurs que je ne fais plus maintenant (mes textes n'étaient pas assez aérés, je faisais des phrases interminables…).

Et pourtant ça ne m'a pas empêché de réussir.

Pourquoi ? Parce que qu'il y avait des gens qui venaient sur mon blog et qui en retiraient quelque chose.
Et c'est ça qui compte.

Si j'avais attendu que ce soit parfait avant de me lancer je n'aurais jamais pu apprendre de mes erreurs et je n'aurais jamais progressé.

Je sais que la peur du jugement des autres est un frein pour beaucoup de personnes mais il faut apprendre à ne pas se laisser arrêter par ça. De manière générale, il faut apprendre à ne pas se laisser arrêter par ses peurs.
On a toujours de l'appréhension par rapport à quelque chose de nouveau. On imagine le pire. Que vont penser les gens ? Est-ce qu'on va me critiquer ?
Dans mon parcours je ne peux pas vous dire le nombre de peurs auxquelles j'ai du faire face.
À chaque fois que je lance un nouveau produit j'ai de l'appréhension.
Avant mon premier grand séminaire devant 100 personnes j'avais peur.
Avant d'envoyer la première version du manuscrit de ce livre a mon éditeur j'ai pensé « et si il me disait que c'est nul ? ».

Et vous savez quoi ? La plupart de mes lancements de produits se passent bien (et s'ils ne se passent pas bien j'essaye d'apprendre de mes erreurs).

Mon séminaire a été un des meilleurs moments de ma vie.

Et quand mon éditeur m'a répondu il m'a dit « c'est bien, continuez ».

Seuls ceux qui ne prennent pas de risque n'ont pas peur.

C'est normal d'avoir peur. Ce qui n'est pas normal c'est que cette peur vous empêche d'agir.

La voie rapide pour devenir millionnaire

Un livre qui m'a fortement influencé c'est *The millionaire Fastlane* de MJ De Marco (non traduit en français). Dans ce livre l'auteur raconte son parcours et comment il a réussi après avoir lancé plusieurs business différents. Au début des années 2000 il a lancé le site limo.com (en anglais « limo » c'est l'abréviation pour « limousine »).
Le site proposait à ses visiteurs de les aider à réserver une limousine partout où ils le souhaitaient aux États-Unis. Il suffisait de remplir un formulaire pour indiquer les dates souhaitées et le site vous mettait en contact avec plusieurs prestataires qui vous envoyaient ensuite un devis.
L'astuce c'est que si le site était gratuit pour les visiteurs, il ne l'était par pour les entreprises qui payaient environ 40 dollars pour acheter un contact.
Le site recevant des milliers de visites par jour et des centaines de demandes de devis, il était devenu une vache à lait qui rapportait plus de 100 000 dollars par mois à MJ De Marco.

Dans son livre il y a un concept fondamental qu'il explique.
C'est la différence entre les producteurs et les consommateurs.

Pour gagner de l'argent un entrepreneur doit créer de la valeur pour ses clients. Il doit donc produire.
Ça peut être en apportant des solutions à ses clients, en leur facilitant la vie…
Si vous regardez autour de vous vous constaterez que la plupart des gens (vous aussi !) ne sont pas des producteurs mais des consommateurs. Ils consomment ce que produisent d'autres personnes. Par exemple, lorsque vous regardez la télé vous êtes un consommateur et non un producteur. Les producteurs ce sont les gens qui passent à la télé (et qui au passage sont en général très bien payés…).

Notez que l'on peut être à un moment de la journée un producteur et un consommateur à un autre moment, c'est tout à fait normal.

Mais le plus important c'est de produire.
Donc ne passez pas votre temps à surfer sur les sites Internet, lancez un blog.
Ne vous contentez pas de lire des livres, écrivez-en un.

Je caricature car consommer est important pour avoir de nouvelles idées et créer de nouvelles choses, mais vous avez compris l'idée.

Si vous avez une idée d'entreprise ou de site Internet, arrêtez d'observer ce que font les autres et lancez-vous.
Ce n'est qu'en produisant qu'on peut arriver au succès.

C'est une règle simple mais diablement efficace.

Dans le cas d'un blog il faut savoir que ce n'est pas facile de produire du contenu. On a peur d'être jugé, voire même critiqué.

J'ai une bonne nouvelle pour vous : si vous vous faites critiquer c'est que vous êtes sur la bonne voie.
Ceux qui ne se font jamais critiquer sont ceux qui ne font rien (ils sont certainement en train de plancher sur leur « plan parfait » qui ne verra jamais le jour).

Un livre qui m'a beaucoup marqué sur le thème de l'écriture c'est *La guerre de l'art* de Steven Pressfield (au passage appréciez le jeu de mot avec le titre du classique de Sun Tzu, *L'art de la guerre*).
Steven Pressfield a écrit plusieurs livres de fiction dont le best-seller *Les portes de feu* qui évoque la guerre entre les Spartes et les Perses. Quand j'ai cherché à en savoir un peu plus sur sa vie, je suis tombé de haut.
Steven Pressfield, l'écrivain à succès, a été un raté la majeure partie de sa vie. Il rêvait de devenir écrivain mais n'arrivait pas à écrire le moindre livre. Au bout de quinze ans tout ce qu'il avait réussi c'était à lâcher son job et à se faire lâcher par sa femme.
Un beau jour, alors qu'il avait la quarantaine passée, il a eu l'opportunité de collaborer sur l'écriture d'un scénario de film à Hollywood. Le film est sorti et a été un flop monumental.
Alors qu'il était en train de déprimer, un ami auteur l'a appelé et lui a dit *« j'espère que tu ne vas pas abandonner, maintenant que tu as eu ton premier échec tu fais partie des professionnels ».*

Ernest Hemingway a dit: *« Écrire c'est facile. Il suffit de s'asseoir devant sa machine à écrire et de se faire saigner ».*

Écrire un livre ou publier un blog ce n'est pas facile.
Ça demande des efforts. C'est inconfortable. Ça fait peur. Mais, en attendant, c'est ce qui fait la différence entre les pros et les amateurs. Il y a ceux qui mettent leurs tripes sur la table et qui prennent des coups. Et il y a ceux qui attendent d'avoir le plan parfait ou l'idée de génie de peur de se tromper.

J'ai une mauvaise nouvelle pour eux : le travail d'un entrepreneur c'est de se tromper. Et plus il se trompe souvent, plus il apprend vite.

À vous de voir dans quel camp vous voulez jouer.

Patrick : « Comment apprendre la photo »

Patrick s'est inscrit à ma formation Bloguer Gagner en octobre 2011. Jeune retraité, il a donné des cours de photographie pendant plusieurs dizaines d'années tout en exerçant sa profession de tabacologue.
Il avait déjà un blog sur la tabacologie, qu'il avait développé avec le logiciel Spip, aujourd'hui un peu dépassé, qui avait été créé par une équipe française.
En suivant les conseils de la formation Bloguer Gagner il a migré son site sur Wordpress et il a aussi créé un blog sur la photo : comment-apprendre-la-photo.fr

Sur ce blog, il publie régulièrement des articles ce qui lui permet d'y attirer un trafic de quelques centaines de visiteurs chaque jour.
Début 2013 il a décidé de faire un lancement sur sa liste qui comprenait 2 200 inscrits.
Il a donc fait un sondage pour trouver quels étaient les principaux problèmes rencontrés par ses lecteurs dans le domaine de la photo.
Patrick organisait des stages et des formations sur la photo depuis des années, mais faire ce travail de recherche était important pour identifier les mots qui allaient lui permettre de mieux convaincre sur sa page de vente et dans ses emails de promotion.

Pour son lancement il a écrit une série d'emails qui permettaient de sensibiliser son audience au problème qu'ils rencontraient

et donc de donner encore plus de valeur à sa solution puisque celle-ci venait répondre parfaitement à leurs problèmes.
Patrick avait prévu de vendre sa formation 597 euros, un prix inférieur à beaucoup de stages et formations qu'il avait organisés en présentiel. Il s'agissait d'une formation en vidéo pour devenir un photographe confirmé.
Ce prix était une offre promotionnelle à l'occasion du lancement de la formation dont le prix passerait ensuite à 997 euros.

J'ai aidé Patrick à choisir le titre de sa formation. Il m'avait proposé des titres dont le bénéfice n'était pas clair. Au final je lui ai conseillé le titre « Dominer la photo » car je trouvais que c'était un titre impactant qui faisait une promesse forte.

Le jour de l'ouverture des ventes Patrick était content car il a fait plusieurs ventes de sa formation. Je l'ai appelé au téléphone pour prendre des nouvelles et le conseiller. On a constaté que nous avions fait une grosse erreur pendant ce lancement, et je vais pouvoir vous éviter de faire la même un jour.

Pour 597 euros Patrick proposait l'accès à sa formation en vidéo plus un coaching personnalisé. Certaines personnes lui ont fait un retour en disant qu'elles trouvaient le prix trop cher (en fait vous avez toujours des gens qui vont trouver que ce que vous proposez est trop cher, c'est tout à fait normal, ça veut juste dire qu'elles ne perçoivent pas la valeur de ce que vous proposez).
Du coup Patrick a eu l'idée de faire une version sans coaching de son produit et de la vendre à 397 euros au lieu de 597.
L'erreur qu'on a faite ça a été de l'annoncer pendant la période d'ouverture des ventes car ça a introduit de la confusion.
Le lendemain de l'annonce de la version moins chère j'ai eu le déclic et j'ai appelé Patrick pour lui dire ce qu'on aurait du faire à la place : terminer le lancement au prix normal de 597 euros

et proposer ensuite, juste après la fin du lancement, une version sans coaching du produit.
Cela nous aurait permis de convertir un maximum de personnes au tarif plus élevé, et ensuite, parmi les contacts qu'il restait sur la liste, de convertir un maximum de personnes avec l'offre moins chère.

Il faut savoir que plus on propose de choix à un groupe de personnes et moins en moyenne ces personnes vont prendre une décision. C'est un principe de psychologie très important en marketing. Pour plus d'informations sur le sujet vous pouvez lire l'excellent livre *C'est (vraiment ?) moi qui décide* de Dan Ariely.

Patrick avait eu la même idée mais il était trop tard pour faire machine arrière. Au final peu de personnes ont pris la formule sans coaching, et je suis convaincu que Patrick aurait pu faire beaucoup plus de ventes s'il avait proposé cette formule APRÈS la version complète.

Enfin, je vous rassure, à l'arrivée Patrick a fait tout de même près de 14 000 euros de chiffre d'affaires lors de ce lancement.
Une belle réussite pour un premier lancement !
Avec 2 200 personnes sur sa liste ça fait donc un ratio de 6,36 euros de chiffre d'affaires par personne inscrite sur la liste, ce qui est très bon.
À titre de comparaison, un premier lancement sur un blog pour un livre électronique va en général faire de 1 à 2 euros par inscrit sur la liste.

C'est aussi ça la magie des lancements sur Internet : vous pouvez faire des erreurs mais vous avez toujours la possibilité de rectifier le tir.

Et non seulement vous allez apprendre de vos erreurs mais vous allez toujours parvenir à un résultat, même si ce n'est pas celui que vous espériez.

Fait remarquable : Patrick n'a eu aucune demande de remboursement suite à la vente de sa formation.
Je conseille toujours à mes élèves de proposer une garantie satisfait ou remboursé d'au moins 30 jours. De nombreux tests en marketing direct montrent que proposer une garantie permet de faire davantage de ventes, et que le nombre de remboursements est en général bien inférieur à celui des ventes supplémentaires obtenues grâce à la garantie (si le produit est de qualité bien entendu).

Ce conseil permet à mes élèves de faire davantage de ventes, mais ça leur permet aussi d'avancer avec plus de confiance.
En général quand on lance son produit pour la première fois on n'est pas totalement confiant et donc ça permet de se rassurer en se disant que les clients mécontents pourront toujours se faire rembourser.

Pour vendre sur Internet tout est une question d'offre.
Tout part de là.
D'un côté vous voulez augmenter la valeur perçue de votre offre (en démontrant comment elle va aider vos clients) mais de l'autre côté vous voulez également éliminer les frictions, c'est-à-dire tout ce qui peut empêcher votre client potentiel de passer à l'achat.
Une de ces sources de friction c'est bien entendu le fait de se dire « et si ça ne marche pas pour moi ? » ou alors « et si je ne suis pas satisfait ? ».
Proposer une garantie satisfait ou remboursé est donc un moyen d'éliminer ou tout au moins de réduire ce type de frictions.

Vous voyez, pour vendre sur Internet c'est simple, c'est uniquement une question de méthode !

Et même si on fait quelques erreurs, on peut les corriger et réussir quand même.

Vendre des jambons sur un blog ? Vraiment !?

J'ai rencontré Julien à Sydney en septembre 2007 et on a vite sympathisé. À son retour en France début 2008 il a rejoint l'entreprise familiale qui vend des jambons espagnols sur les salons gourmets.
C'est en 2010 qu'il a décidé de se lancer sur Internet en créant une boutique de e-commerce pour vendre ses jambons.
C'est ainsi qu'est né le site jambonsoliveras.com

Plus tard, Julien me confiera que c'est en partie le fait que je me lance sur Internet qui l'a motivé à le faire à son tour.
La première année son site a réalisé 5 000 euros de ventes.
C'est un démarrage dont sa famille et lui ont été satisfaits puisque ça leur a montré qu'il était possible de vendre des jambons sur Internet : dans la mesure où le prix moyen d'un jambon est en général de plus de 100 euros, ça n'était pas forcément gagné d'avance.

En 2011 ils ont doublé le chiffre d'affaires pour atteindre les 10 000 euros de ventes. C'était bien mais Julien voulait passer à la vitesse supérieure. Il avait besoin de faire connaître son site et donc d'attirer plus de trafic. Début 2012 je l'ai donc orienté vers deux experts reconnus dans le domaine du référencement.
Après avoir pris contact avec eux il a signé un contrat avec l'un des deux pour une formation en référencement.
Cette formation d'une quinzaine d'heures a permis à Julien de découvrir de nombreuses techniques pour publier du contenu et faire venir des visiteurs sur son site.
Pour publier ces articles et ces vidéos Julien a tout naturellement mis en place un blog intégré dans sa boutique de e-commerce.

Pour l'installer, Julien a tout simplement téléchargé Wordpress dans un sous-répertoire de son site. Ensuite il a publié des articles optimisés sur des mots-clés de sa thématique (sa formation en référencement lui a en particulier appris à correctement optimiser un article en fonction d'un mot-clé).

Ayant à gérer son activité sur les salons gourmets en plus de l'arrivée de son premier enfant, Julien n'avait pas le temps de développer sa boutique, mais il a tout de même réussi à en doubler encore une fois le chiffre d'affaires pour faire un total de 20 000 euros de ventes en 2012.

En 2013 Julien a continué à développer le trafic et le chiffre d'affaires de sa boutique mais il sentait qu'il avait atteint un plafond car il lui était difficile d'attirer plus de trafic provenant des moteurs de recherche (ce qu'on appelle « le trafic organique »). Je lui ai donc recommandé de travailler sur sa liste de clients pour développer son chiffre d'affaires.
En effet, Julien avait constitué une liste avec les adresses email de toutes les personnes qui avaient commandé sur son site.
Il faut savoir que quelqu'un qui a déjà acheté chez vous a en moyenne 10 fois plus de valeur que quelqu'un qui est inscrit sur votre liste de diffusion mais qui n'a jamais acheté vos produits.
Un client a démontré qu'il était capable de commander sur Internet (sur votre liste vous pouvez avoir des gens qui habitent dans des pays où il est très difficile d'avoir une carte bancaire, comme en Afrique par exemple), il a déjà testé un de vos produits et il a confiance en vous.

Pour tester mon idée Julien a envoyé un email à une liste de 200 clients en leur offrant une réduction sur un produit de la boutique en ligne et il a fait 1 000 euros de vente.

Un détail amusant : Julien s'est creusé la tête pendant un mois pour savoir quel produit il allait choisir pour faire la promotion et quelle offre il allait faire. Mais au final personne n'a acheté le produit sur lequel il faisait une promotion, tous les clients ont préféré acheter autre chose (quand je vous disais qu'il vaut mieux agir et tester rapidement plutôt que d'essayer de trouver tout de suite le plan parfait…).

Cet email a donc ramené vers le site de Julien d'anciens acheteurs qui en ont profité pour passer commande.

De la même façon que la première année avait été la preuve qu'on pouvait vendre des jambons sur Internet, cet email de promotion a prouvé à Julien que le marketing par email avait du potentiel.
Il a donc récidivé à l'approche des fêtes de Noël en envoyant un email à sa liste clients en proposant une remise de 10% sur tous les produits de sa boutique.
Ce coup-ci il a fait 1 800 euros de ventes !

Depuis, Julien a mis en place un système pour demander systématiquement l'email de ses clients sur les salons. Ca lui permettra de les solliciter également lors de ses prochaines campagnes par email.

En 2013 Julien a encore doublé le chiffre d'affaires du site pour l'amener à 40 000 euros de ventes. Maintenant qu'il sait que les promotions par email fonctionnent il va pouvoir les mettre en place de façon régulière sur sa liste.

En faisant environ 2 000 euros de chiffre d'affaires par promotion et en faisant une promotion par mois il peut réaliser 20 000 euros de chiffre d'affaires supplémentaires en 2014, ce qui, en continuant à développer son activité, peut lui permettre d'atteindre les 80 000 euros annuels. Doubler une nouvelle fois son chiffre d'affaires !

Un dernier conseil : en parlant avec Julien je me suis rendu compte que beaucoup de ses clients lui demandaient comment couper le jambon qu'ils ont acheté (ce n'est pas très compliqué mais il faut savoir s'y prendre).
Je lui ai donc recommandé de faire une courte vidéo qui explique comment faire, et ensuite de mettre en place un email automatique envoyé à chaque client immédiatement après sa commande avec un lien vers la vidéo.
Pour quelqu'un qui vient de commander un jambon de qualité (souvent pour la première fois) c'est un excellent moyen de le faire patienter en attendant que son colis lui soit livré, et de créer de la confiance en le surprenant agréablement.
Cela permet aussi d'aider les gens à mieux consommer son produit et donc d'améliorer le taux de satisfaction des clients (si quelqu'un ne sait pas comment utiliser votre produit il va se montrer moins satisfait que quelqu'un qui sait comment l'utiliser).

J'ai aussi conseillé à Julien de mettre une accroche beaucoup plus puissante sur son site. À mon retour d'Australie il m'est arrivé de faire des extras sur des salons avec lui et je sais qu'ils vendent les meilleurs jambons au meilleur prix en France.
Mais ça, un visiteur qui arrive sur son site ne le sait pas.
Donc il faut le dire, et si possible le dire là où tout le monde peut le voir, c'est-à-dire dans l'entête de chaque page.
L'objectif de cette accroche est de faire une promesse aux visiteurs pour capter leur attention.

Je lui ai également conseillé de proposer une garantie satisfait ou remboursé. Ce type de garantie permet de rassurer les clients potentiels et d'augmenter le nombre de personnes qui passent à l'achat

sur le site. En pratique peu de personnes vont en profiter de manière abusive, et Julien va convertir beaucoup plus de visiteurs de son site en clients (des clients qui vont acheter encore et encore !).
Avec tous ces conseils, la nouvelle année s'annonce très bonne pour Julien !

Pour recevoir des conseils et voir l'interview de Julien allez sur http://bloguer.tv/bonus

Comment arrêter de travailler pour toujours

« Fais un travail que tu aimes
et tu n'auras plus jamais à travailler de ta vie. »

Confucius

Sur Internet je vois souvent des commentaires du style : *« quand j'aurai assez d'argent j'arrêterai de travailler et je pourrai vivre la vie de mes rêves ».*

Ok.

Et vous allez faire quoi de vos journées ? Vous dorer la pilule au bord de la piscine en sirotant de la Piña Colada ?
Attention à la cirrhose du foie et aux escarres !

Mais il y a des dangers encore plus graves qui vous guettent : l'ennui et la dépression. L'ennui parce que vous n'avez rien à faire, et la dépression parce que vous n'avez plus de sens à votre vie.

Pourquoi vous levez-vous le matin ? Qu'allez-vous faire de votre journée ? Nous avons tous des bons souvenirs de vacances pendant lesquelles on a passé du bon temps à ne rien faire.

Mais c'est justement parce que ce temps était limité et qu'on savait qu'on allait devoir retourner au travail qu'on l'a tellement savouré !

Alors vous pouvez tout à fait passer tout votre temps à organiser vos loisirs, des sorties, du sport, ou encore à participer à la vie associative. Mais vous pouvez aussi pratiquer ces activités si vous avez un travail à temps choisi comme c'est mon cas.

Le mythe de «je serai heureux quand j'arrêterai de travailler» dure d'autant plus qu'il est entretenu par certaines personnes qui vous disent qu'elles ne travaillent que quelques heures par semaine. Mais quand on regarde de plus près, cependant, on s'aperçoit qu'elles travaillent à temps complet.

Quel est le problème avec le travail ?
J'aime mon travail. J'apprends plein de choses, je rencontre des gens formidables, je voyage souvent. Et surtout ça marche pour moi, donc c'est plaisant.
J'ai envie de vivre ces moments de joie, par exemple quand je sors un nouveau produit qui fonctionne bien ou quand je reviens d'un séminaire avec la tête pleine de bons souvenirs.

Il y a aussi le fait d'avoir un sens à sa vie.
J'ai beaucoup souffert de me sentir prisonnier d'une carrière dans un bureau. Créer cette entreprise sur Internet qui me permet de travailler depuis chez moi ou en voyage ce n'est pas seulement gagner ma vie, c'est pour moi un combat pour ma liberté.
Chaque jour qui passe où je suis dans une petite ville de Colombie au lieu d'être dans un bureau à la Défense j'ai l'impression d'avoir déjoué le système.

Et puis il y a aussi la volonté de se dépasser. Prenez un nageur olympique. Tous les jours il s'entraîne dur à la piscine, et ces jours-là il n'y a personne pour l'applaudir.

Pourquoi le fait-il ? Parce qu'il a envie de se dépasser. Parce qu'il a envie de voir jusqu'où il peut aller.

Aujourd'hui ma société fait 400 000 euros par an de chiffre d'affaires. J'aimerais arriver à un million d'euros par an. Pour quelle raison ? Pour me dépasser. Pour me dire « je l'ai fait ».
J'imagine que c'est la même satisfaction que de remplir une grille de sudoku force 5 (je précise que je ne connais rien au Sudoku !).
Et quand j'aurai relevé ce défi j'en trouverai un autre, par exemple arrêter de travailler pendant un an, ou alors me lancer dans une cause humanitaire.
Mais il me faudra toujours un défi pour me stimuler.

En attendant, je travaille en général 6 à 7 heures par jour en semaine et 3 à 4 heures le samedi et le dimanche ce qui doit faire une bonne cinquantaine d'heures par semaine.

Sauf que :
- j'aime mon travail. Je le trouve stimulant ;
- je ne perds pas deux heures ou davantage par jour dans les transports pour me rendre à mon bureau ;
- quand j'ai fini ma journée je ne suis pas à l'autre bout de Paris dans une zone industrielle et je n'ai besoin que de quelques minutes pour prendre ma femme dans mes bras ;
- je travaille à temps choisi donc je peux aller faire du sport quand je veux dans la journée ;
- je travaille souvent à la maison donc je n'ai personne sur le dos (je m'accorde souvent une sieste après déjeuner, une habitude dans les climats tropicaux !).

Je continue ?

Fin 2009 je suis allé faire un tour au Venezuela. Sur l'île de Margarita (à une heure de Caracas en avion) j'ai trouvé

un ravissant petit hôtel tenu par un Québécois. Il avait fait fortune dans le pétrole puis dans l'art (il possédait une galerie à Montréal) et il avait fait construire ce petit hôtel pour s'occuper pendant sa retraite.
Comme il me faisait part de ses soucis pour gérer les employés, je lui ai demandé « pourquoi tu ne le vends pas ? ». Il m'a répondu « et ensuite je ferai quoi ? Je serai un petit vieux dans un appartement ? Ici je suis quelqu'un ».

J'ai un ami qui travaille dans l'hôtellerie à Paris. Il me parlait d'un couple, cofondateurs d'une grande franchise de coiffure, qui possède un hôtel. Il y a quelques années ils ont revendu leurs parts et ils sont partis dans le sud pour ne rien faire à part jouer au golf toute la journée.
Au bout d'un an ils étaient morts d'ennui, alors ils ont trouvé un hôtel à reprendre.

Je fais un métier que j'aime et qui me permet de profiter de mes heures de loisir (pas de transports, pas d'horaires, je peux travailler de chez moi ou en voyage), pour moi c'est parfait.
Je pense que le bonheur se trouve dans l'équilibre.
Consacrer une partie de son temps à un travail qu'on aime, ça permet de s'épanouir professionnellement. Et consacrer le reste de son temps à sa famille et à ses loisirs ça permet de s'épanouir sur le plan personnel.

C'est ma formule pour le bonheur.

Quelle est la vôtre ?

Questions :

Est-ce que vous êtes épanoui dans votre travail ?
Si vous aviez davantage de temps libre ou si vous pouviez choisir vos horaires de travail, quelles activités feriez-vous ?
Comment serait votre vie idéale si vous pouviez équilibrer travail et vie personnelle ?.

Ghetto test

Créer un nouveau blog et lancer un nouveau produit tout de suite, vous pensez que c'est impossible ?
C'est pourtant ce qu'a fait Alex Chhean.
Alex a été un des tous premiers élèves de ma formation Bloguer Gagner en 2010. Fondateur d'une société de services en informatique il était à la recherche de solutions pour parvenir à créer une activité qui lui permette de travailler à temps choisi (et de ne plus enchaîner les rendez-vous en costume à la Défense…).
Grâce à Bloguer Gagner il a lancé un premier blog sur l'entrepreneuriat.

Je l'ai croisé au Web2Connect (salon annuel rassemblant des web entrepreneurs) fin 2012. Il venait de lancer un autre blog avec Clément, un de ses amis d'enfance.
Leur blog reussircv.com a pour objectif d'aider les salariés à trouver un emploi. Alex a beaucoup d'expérience dans le recrutement, tout comme Clément, et c'est comme ça qu'ils ont eu l'idée de ce nouveau blog et d'y publier rapidement quelques articles.
Dès le début ils ont mis en place une newsletter sur leur blog pour permettre aux gens de s'abonner. Après quelques jours ils ont eu 19 abonnés à leur newsletter et plutôt que d'attendre

d'avoir des centaines d'abonnés pour suivre la procédure classique (faire un sondage puis créer un produit) ils ont décidé de suivre les conseils de Noah Kagan, un marketeur américain, et de réaliser un « ghetto test » (on pourrait traduire ça par « un test à l'arrache »).

Ils ont donc réalisé un lancement sur cette petite liste pour un produit à 197 euros (une formation vidéo qui aidait à retrouver un emploi) et à leur grande surprise ils ont fait une vente !
Ça fait tout de même 10 euros de chiffre d'affaires par abonné sur la liste, ce qui est un excellent ratio.
Cette vente leur a permis de valider le concept de leur produit et ils ont donc créé la formation pour ce tout premier client.

Cette histoire illustre bien ce qu'on peut faire avec Internet : avec une page de vente et quelques abonnés sur sa liste on peut en quelques jours tester la viabilité d'un produit.
Par la suite Alex et Clément ont continué à développer leur blog et à créer d'autres produits. Je les croise parfois lors de séminaires et j'ai toujours plaisir à prendre de leurs nouvelles et à leur donner des conseils.

Quelques mois plus tard lors d'un dîner à Paris j'ai rencontré un ami d'un ami qui souhaitait importer au Brésil un concept qui fonctionnait bien en France. Il s'agissait de faire produire des lunettes en Chine à bas coût et de les vendre au Brésil.
Il connaissait un Français installé en Chine qui vendait des lunettes en France et il voulait se lancer sur le marché brésilien. Il avait donc pour projet de partir en Chine et de créer son site afin de pouvoir tester son concept.
Je lui ai dit qu'il était fou d'attendre autant. Il lui suffisait de créer un site en portugais, de publier un peu de contenu dessus et de proposer des modèles de lunettes pour tester son concept sans même sortir de chez lui à Paris.

Pour beaucoup d'entrepreneurs l'attitude qui consiste à temporiser avant de se lancer est un moyen de reculer le moment où ils vont véritablement tester la viabilité de leur concept en essayant de vendre.
Vendre, ça fait peur et c'est normal car on s'expose à un refus, ce qui est désagréable.
Mais, encore une fois, il faut affronter ses peurs et foncer car c'est comme ça qu'on apprend le plus vite et qu'on peut rapidement modifier sa stratégie.

J'ai un ami qui a quitté son travail depuis deux ans pour lancer un site Internet sur la thématique de l'apprentissage des langues. Il a passé beaucoup de temps pour faire un business plan puis un deuxième, et ensuite encore plus de temps pour mettre au point une première version de son site, puis pour faire les démarches pour créer sa société.
Pendant ce temps-là il n'a jamais fait une seule vente ni même parlé à un seul client potentiel.
Le pire c'est que dans l'intervalle j'ai lancé anglais5minutes.fr sur la même thématique et que j'ai fait 9 000 euros de ventes en 2013. Après mon premier lancement, au cours duquel j'ai fait 3 000 euros de vente, on s'est rencontré pour dîner juste avant mon départ pour les États-Unis puis la Colombie.
Quand je lui ai parlé de mon lancement il ne m'a posé aucune question sur le nombre de ventes, le taux de conversion, la page de vente ou l'importance de ma liste de diffusion. Comme si j'étais sur une autre thématique, alors que mon produit venait répondre aux mêmes besoins que ses clients potentiels (apprendre une langue étrangère).
Non seulement son site allait lui prendre des mois voire des années avant de faire une première vente, mais j'ai réalisé quelque chose d'encore plus important…
Son site est un outil pour aider à apprendre n'importe quelle langue étrangère. Le bénéfice qu'il propose c'est donc

de disposer d'un outil pour vous aider à apprendre une langue étrangère.
En revanche, le bénéfice que je propose sur mon site c'est directement d'apprendre l'anglais.
Donc d'un côté on a un site « usine à gaz » qui propose « un outil pour aider à apprendre un langue étrangère » et de l'autre on a un blog rapide à faire et facile à lancer qui propose « d'apprendre l'anglais ».

Vous voyez la différence ?

D'un côté c'est coûteux à mettre en place et le bénéfice n'est pas si attrayant. De l'autre côté c'est ultra-simple à lancer et je propose le bénéfice final.
Évidemment, 9 000 euros pour une première année de monétisation ce n'est pas énorme. Mais ça va me permettre d'affiner mon offre, de créer encore plus de produits, de faire grossir le trafic et, petit à petit, de développer une véritable petite « machine à faire des euros ».

Vous voulez vendre quelque chose sur Internet ?
Oubliez les cartes de visite et les formalités de création d'entreprise. Essayez de faire votre première vente aujourd'hui.

Faites un ghetto test !

Le prof de danse qui voulait voyager aux quatre coins du monde

Un prof de danse qui gagne sa vie sur Internet ?
Ben voyons !
À moins que…

J'ai rencontré Igor en décembre 2012 lors de la réunion Bloguer Gagner à laquelle j'avais convié tous les nouveaux membres de la formation.
Malgré la réussite de son école de danse à Bordeaux Igor se sentait prisonnier de cette activité.
Il avait envie de pouvoir partir trois mois en Argentine ou à Cuba pour prendre des cours, apprendre de nouveaux pas et les enseigner à son tout à ses élèves.
C'est la raison pour laquelle il s'est lancé dans l'aventure de la création d'une activité sur Internet.

J'ai été impressionné par son dynamisme : il avait commencé par suivre ma formation « Un Blog Qui Rapporte en 31 Jours » et il avait lancé trois blogs en quelques mois :

- jaimedanser.fr sur des musiques pour danser,
- locationcostumesdedanse.com pour louer les costumes qu'il a en stock à l'école, et
- unflashmob.com qui publie les vidéos des « flash mobs » (ces rassemblements en public apparemment spontanés mais en réalité préparés) qu'il organise à Bordeaux.

Igor, qui ne connaissait strictement rien au marketing Internet, a été ravi des premiers résultats obtenus et il a donc rejoint ensuite ma formation Bloguer Gagner en octobre 2012.
Dans le courant de l'année 2013 il a également suivi d'autres formations que j'ai données et il a développé le trafic sur ses sites.
Il a aussi lancé un site privé pour les élèves de son école sur lequel ils peuvent retrouver en vidéo les cours de danse qu'ils ont suivis. Igor offrait gratuitement ce service car son objectif était de le tester et de voir le retour des utilisateurs. Les retours étant positifs il a lancé à la rentrée 2013 cours-de-danses.com, un site sur lequel on peut s'abonner pour avoir accès à des cours de danse en vidéo.

Dès le premier mois une centaine de personnes se sont abonnées et par la suite les inscriptions ont continué au rythme de une ou deux par jour.
Deux mois après son lancement le site générait près de 2 000 euros de chiffre d'affaires par mois, et aucun inscrit n'avait souhaité interrompre son abonnement !
Le plus surprenant c'est que ce ne sont pas seulement des élèves de l'école d'Igor qui se sont inscrits mais aussi des gens qui habitent au Canada, en Nouvelle-Calédonie ou encore aux Émirats Arabes Unis !

Son premier site, jaimedanser.fr rapporte une cinquantaine d'euros par mois avec l'affiliation Amazon sur les musiques qu'il recommande.
Le deuxième site, locationcostumesdedanse.com, a généré la première année 10 000 euros de chiffre d'affaires.
Et grâce au troisième site, unflashmob.com, il a été contacté par une agence d'événementiel qui l'a chargé d'organiser un flash mob… une prestation facturée 4 000 euros par la société d'Igor.

Désormais, Igor va pouvoir déléguer la gestion des cours qu'il donne à Bordeaux et partir voyager plusieurs mois par an aux quatre coins du monde. Il va pouvoir y tourner des vidéos qu'il pourra publier sur ses blogs, et ainsi attirer encore plus de trafic et développer sa notoriété.

À l'occasion d'une interview, il me confiait qu'à 42 ans il était fier de sa réussite mais il s'était rendu compte qu'il était pieds et poings liés à son école et qu'il avait envie de plus de liberté.

C'est amusant car il y a quelques semaines j'étais dans le cabinet d'un médecin à Paris pour des examens. Quand je lui ai dit que je travaillais sur Internet et que je vivais en Colombie il m'a dit que j'avais vraiment de la chance. Je lui ai dit « enfin vous aussi vous avez de la chance, vous avez une belle situation». Et il m'a répondu «oui mais vous savez quand on est médecin on est toujours coincé dans un bureau».

Dans le cas de ce médecin comme dans celui d'Igor la réussite ne faisait pas tout, il leur manquait la liberté.

Allez sur http://bloguer.tv/bonus pour recevoir l'interview d'Igor dans laquelle il explique comment il est parvenu à créer son business en ligne.

Chez 2A Editions tout le monde a un blog qui rapporte!

À l'été 2013 j'ai réalisé quelque chose d'amusant: dans notre équipe, chez 2A Editions, tout le monde a un blog qui lui procure des revenus!

Quand Jérémy a commencé à travailler avec moi il a suivi ma formation Bloguer Gagner pour se former et être capable de répondre aux questions des clients. Ce n'est que plus tard que j'ai découvert qu'il avait mis cet enseignement à profit en créant le blog de voyage veryworldtrip.com.

Un an après sa création son blog lui rapportait jusqu'à 500 euros par mois uniquement avec la publicité.

Il s'en occupe sur son temps libre et c'est en général un rédacteur freelance qui s'occupe d'écrire les articles. Jérémy le paye à l'article (environ 15 euros pour un article de 300 mots) et il empoche la différence entre ce que lui coûte son blog (essentiellement les dépenses pour les articles) et ce qu'il lui rapporte (plusieurs centaines d'euros par mois).

En tant qu'employeur de Jérémy je trouve que c'est une bonne chose car il peut de cette façon gagner un complément de revenus en plus de son salaire. En plus, ça lui permet de bien comprendre les problèmes de nos clients car à la base Jérémy a une formation d'école de commerce et Internet ce n'est pas vraiment son domaine.

Quant à Samuel, c'est différent car il a plusieurs blogs depuis des années, ce qui lui a même permis de publier un best-seller ! En effet, en 2009 il a créé le blog vinaigremalin.fr sur le thème du vinaigre.
« J'ai créé mon blog au printemps 2009 alors que j'étais au chômage. C'était suite à la liquidation judiciaire d'une petite boîte de services à la personne. On utilisait des produits écologiques : vinaigre, bicarbonate, cristaux de soude.
Donc l'idée c'était de créer un site qui parle du vinaigre et de ses utilisations car à l'époque il n'y avait pas vraiment un site unique sur ça. Il y avait des sites avec quelques astuces, des forums mais pas un site entier rien que sur ce sujet ».

En publiant des articles régulièrement il a pu générer du trafic sur son blog jusqu'à plusieurs centaines de visiteurs par jour, ce qui lui rapporte environ 700 euros par mois avec la publicité.
Mais ce n'est pas tout !
Grâce à ce blog il a été repéré par la maison d'édition Eyrolles qui lui a demandé d'écrire un livre sur le sujet.
Et c'est ainsi qu'il a publié en 2011 le livre : *Vinaigre : Un concentré d'astuces pour votre maison, votre santé et votre beauté.*
En deux ans ce livre s'est vendu à près de 20 000 exemplaires ! Et il a même été traduit en italien.

Comme vous le voyez tous les collaborateurs de mon équipe gagnent de l'argent sur Internet avec un ou plusieurs blogs.

D'une part ça leur permet de générer des revenus complémentaires, mais surtout ça nous permet d'être crédibles quand nous proposons aux membres de nos formations de les accompagner pour qu'ils puissent, eux aussi, générer des revenus avec un blog. Car s'il y a des gens compétents dans le webmarketing en France il y a aussi tout un tas de charlatans.

Lorsque quelqu'un vous propose une formation, posez-vous les questions suivantes :
– Est-ce que cette personne a atteint les résultats qu'elle promet dans sa formation ?
– Est-ce que cette personne en a déjà aidé d'autres à atteindre les résultats qu'elle promet dans sa formation ?

Si la réponse à ces deux questions est oui alors vous pouvez y aller en toute confiance.

Vendre aux particuliers ou aux entreprises

Au cours de l'année 2013 j'ai réalisé quelque chose de fondamental : pourquoi les marketeurs comme moi utilisent de longues pages de vente pour déclencher l'achat alors que d'autres experts ont une image plus lisse et des méthodes de vente moins agressives ?
C'est en devenant ami avec des experts dans le webmarketing qui vendent à des entreprises que j'en ai compris la raison.
Lorsque j'écris une page de vente c'est la personne qui la lit qui va prendre la décision d'achat. En général il s'agit d'un particulier qui veut créer une activité rentable, ou alors d'un solopreneur (coach, consultant, expert ou dirigeant de TPE).
Étant donné que c'est lui qui va prendre la décision d'achat je dois « mettre le paquet » pour le convaincre et essayer de déclencher l'acte d'achat au moment où il lit mon message.

Si vous ne concluez pas la vente sur le moment, si votre client potentiel pense revenir plus tard, ceux qui ont de l'expérience dans la vente savent que ce moment ne viendra sans doute jamais.
D'où les pages de vente longues, les histoires, les émotions, les appels à l'action immédiate.

En revanche, vendre à des entreprises oblige à respecter un cycle de vente différent.
En général il faut dans ce cas essayer de se faire connaître en allant à des événements (ou mieux, en les organisant), en publiant des livres et des informations sur son blog. Une fois sa notoriété établie, l'expert est ensuite, généralement, sollicité par des entreprises qui ont un besoin. Il les recontacte alors pour les rencontrer et qualifier leur besoin.
Ensuite, il leur transmet une proposition commerciale qui est validée ou non par l'entreprise. Puis il réalise la prestation et il envoie la facture.

Ces deux stratégies sont différentes du fait de la nature du client à qui elles s'adressent.
Mais dans tous les cas un blog est un excellent moyen de se faire connaître.
En publiant de l'information sur un blog vous allez pouvoir attirer du trafic concerné par votre thématique, que ce soit des particuliers intéressés par vos services ou des chefs de projet dans une grande entreprise.
Ensuite vous pouvez convertir ce trafic en « prospects », soit en leur proposant de s'inscrire à votre newsletter (cas classique pour un blog s'adressant à des particuliers), soit en leur proposant de remplir un formulaire pour demander à être recontacté (cas classique pour un blog s'adressant à des entreprises).
Comment convertir ces contacts en clients va ensuite dépendre de votre méthode de vente.

J'ai envisagé d'élargir mon activité à des entreprises car il est beaucoup plus facile de leur vendre des prestations chères. Mais pour cela il faudrait que j'aille à des réunions interminables dans des bureaux, et ce n'est pas vraiment compatible avec la vie que j'ai envie de vivre (en short et en tongs !).
De plus, il faudrait que je vive en France, ce qui n'est pas le cas actuellement. Donc, pour l'instant, je ne le fais pas.
Mais je peux vous assurer qu'il y a beaucoup de potentiel pour vendre des services aux entreprises. Mes amis experts en webmarketing qui vendent aux entreprises me racontent comment ils arrivent à décrocher des contrats pour plusieurs dizaines voire centaines de milliers d'euros.

Un blog c'est la base pour vous faire connaître et permettre aux clients potentiels de vous contacter. Après il faut construire votre réseau, c'est un travail qui se fait sur la durée.

Donc si vous avez un projet de ce type, foncez !

Comment se faire publier grâce à un blog

Un blog est un excellent moyen de se faire remarquer par un éditeur et de publier ce livre. Savez-vous comment est né le projet de ce livre ?
J'ai été approché par la maison d'édition Pearson au premier semestre 2012 pour publier un livre qui expliquerait comment créer un blog qui rapporte. Ils m'avaient identifié grâce à mes blogs et ils voulaient que j'écrive un livre sur ce thème.
On a eu plusieurs échanges avec le chef de projet et si j'étais très emballé par l'idée, je ne l'étais pas vraiment par mes échanges avec eux.
Ils voulaient publier le livre au rayon « Informatique ».

Je leur ai dit que ce n'était pas un ouvrage technique et qu'il devait être placé dans le rayon « business » puisqu'il allait aider les lecteurs à créer et développer une entreprise sur Internet à partir d'un blog.

Après un long silence radio pendant l'été j'ai donc décidé de chercher un autre éditeur.

C'est Élise Franck, l'auteure du livre *Comment je suis devenue rentière en 4 ans*, qui m'a conseillé de contacter son éditeur, la maison d'éditions Maxima. J'ai pris contact avec eux et j'ai été tout de suite séduit par leur réactivité et leur dynamisme.
Dès le début ils m'ont dit que le projet les intéressait et on a donc rapidement signé un contrat.
Moi qui avais toujours entendu dire qu'il était difficile d'être publié !

En fait, ça peut devenir très facile, pour deux raisons.
La première c'est si vous avez un projet de livre de non-fiction (guides pratiques, manuels..). La littérature de fiction c'est beaucoup plus difficile à vendre et il vous faudra écrire le livre avant de le proposer à l'éditeur. En revanche, pour les livres de non-fiction, il est beaucoup plus facile pour l'éditeur d'en déceler le potentiel, et il suffit le plus souvent de lui présenter un synopsis et un plan pour qu'il accepte de s'intéresser à votre projet.

La deuxième raison qui permet de se faire publier plus facilement c'est justement d'avoir un site Internet ou un blog.
C'est ce qu'on appelle « une plateforme » dans le monde de l'édition. Si vous avez un auditoire, l'éditeur sait que vous allez pouvoir écouler un certain nombre d'exemplaires auprès de ce public captif. Du coup vous n'êtes plus seulement un auteur qui vient proposer un manuscrit, mais un véritable partenaire qui en plus de proposer un livre va pouvoir également faire profiter

la maison d'édition de sa force de frappe commerciale et de celle de ses partenaires.

Donc si votre rêve est de vous faire publier, sachez que créer un blog et le faire connaître est un excellent moyen d'augmenter vos chances d'y parvenir.
Mais je dois vous prévenir d'une chose : il est beaucoup plus rentable de créer vos propres produits et de les vendre sur votre blog que d'écrire un livre.
Si vous créez un produit d'information vous pouvez le vendre entre 17 et 997 euros pour la plupart et vous allez toucher 100% des ventes. Si vous écrivez un livre il sera vendu une vingtaine d'euros et vous toucherez en moyenne 9% du prix de vente hors taxe...

Alors pourquoi écrire un livre ? Parce qu'être un auteur publié c'est une reconnaissance de votre travail. C'est aussi une preuve d'expertise pour les gens qui vous suivent. En France, si vous publiez un livre vous êtes tout de suite considéré comme un expert sur le sujet.
C'est aussi un moyen d'avoir des passages dans la presse. Lors de la sortie du livre le sujet peut attirer l'attention des médias. Et puis c'est un moyen de toucher des gens qui ne vous auraient jamais connu parce qu'ils ne visitent ni votre blog ni ceux de vos partenaires.

Donc pour résumer, écrire un livre et être édité est un bon moyen de développer son entreprise sur Internet dans une optique long-terme.

Comment j'ai aidé Antoine à faire plus 100 000 euros par an

En 2005 j'ai lu un livre électronique qui s'intitulait *Casé en une semaine* d'un certain Tony Di Spirito. Ce livre a été un best-seller qui a depuis été réédité plusieurs fois (il est désormais disponible en version imprimée).

Par la suite j'ai appris que le nom de l'auteur était le pseudonyme d'un serial entrepreneur nommé Antoine Peytavin.

J'ai fait des recherches sur Internet et j'ai découvert des articles de presse qui parlaient de lui.

Depuis il a également lancé un site pour faire de la colocation, il a organisé des speed dating et même des soirées « after work » à Paris (soirées en semaine commençant à partir de 18 heures pour les gens qui travaillent).

Au vu de son parcours j'avais le plus grand respect pour lui. Nous étions en contact sur Internet et on s'est rencontrés la première fois en mars 2012.

On a tout de suite sympathisé et on a gardé le contact comme j'aime le faire avec les gens du métier que j'apprécie.

Antoine a créé le site jerecuperemonex.com en 2008 pour les gens qui ont vécu une rupture amoureuse. C'est un site très populaire qui reçoit plus de 15 000 visites uniques par jour (c'est énorme !).

On a récemment déjeuné ensemble avant que je reparte pour les États-Unis puis la Colombie.

Il faut savoir qu'Antoine a une personnalité très « cool » et sympathique et il n'est pas vraiment du type « marketeur Internet » à tout vouloir optimiser dans tous les sens.

Au cours de notre discussion je me suis rendu compte qu'il ne testait pas ses pages de vente. Je lui ai dit qu'il y avait de grandes chances qu'il perde beaucoup d'argent et qu'il pourrait y remédier en mettant en place quelques améliorations.

Je lui ai conseillé de commencer par tester ses prix et les accroches de ses pages de vente. Je lui ai aussi recommandé le site Internet visualwebsiteoptimizer.com que j'utilise pour faire des split tests sur mes pages de vente.
J'ai beaucoup insisté en lui disant « fais-moi plaisir et mets en place des tests, ça ne va pas te prendre beaucoup de temps et tu risques d'avoir de très bons résultats ».

Deux mois plus tard il m'a envoyé un message.
Il avait presque doublé les prix de ses produits (il vend des formations à quelque dizaines d'euros) et il faisait autant de ventes qu'avant voire plus !
Et les abonnés à sa liste étaient ravis.
Quelques mois plus tôt il faisait entre 10 000 et 15 000 euros de chiffre d'affaires par mois et maintenant il faisait presque 30 000 euros par mois, soit une augmentation de plus de 100 000 euros de chiffre d'affaires par an !

En décembre 2013 je l'ai interviewé par Skype pour bloguer.tv et il m'a dit que grâce à mes conseils il avait doublé son chiffre d'affaires durant l'année.
Après l'interview il m'a confié une anecdote qui m'a beaucoup touché. Quelques semaines plus tôt il avait fait l'acquisition d'un nouvel appartement et au moment où il a signé l'acte de vente chez le notaire il a eu une pensée pour moi.

J'avais réussi à aider Antoine Peytavin, un web entrepreneur brillant que je suivais depuis des années, à doubler le chiffre d'affaires de son site Internet !

Ce résultat est spectaculaire car Antoine avait fait un bon travail pour amener beaucoup de trafic sur son site et pour créer des offres mais il n'avait fait aucun travail d'optimisation. Quoi qu'il en soit, aux dernières nouvelles, il avait l'air bien motivé pour continuer ce travail d'amélioration...

Comment vendre un mastermind à 4 000 euros

En 2013 j'avais prévu de faire à Paris un grand séminaire de trois jours à la fin de l'année où j'inviterais tous les clients de mes formations Bloguer Gagner et Business Rapide.
Quand j'en ai parlé à mon groupe mastermind en octobre j'ai réalisé que j'avais fait une grosse erreur: quand on offre aux clients qui ont acheté un produit une invitation à un séminaire, beaucoup ne se déplacent pas... car ils ne l'ont pas payée.
Ce qu'il faut faire c'est leur demander de régler une certaine somme, par exemple 97 euros au titre des frais de bouche, pour que les gens qui se sont inscrits fassent le déplacement.

Ayant réalisé mon erreur j'ai demandé aux gens de s'inscrire sur une liste email pour valider leur inscription au séminaire, et ensuite je leur ai envoyé plusieurs vidéos de contenu pour leur rappeler l'événement et les inciter à venir.
En quelque sort j'ai fait un « mini-lancement » pour un produit gratuit !

Cette stratégie a parfaitement fonctionné puisqu'il y a eu 107 inscrits pour le séminaire et qu'au final 100 personnes ont fait le déplacement.
J'avais abandonné l'idée de créer un groupe mastermind car je pensais que les gens n'étaient pas prêts à payer suffisamment pour ça, mais mon idée était quand même que ce séminaire devait être pour moi l'occasion de vendre un produit cher.
J'ai réfléchi à ce qui pourrait aider les gens à avancer et j'en ai conclu que ce qui les freinait c'était le fait d'installer le blog et de publier du contenu.

J'avais pensé faire une offre à 5 000 euros incluant l'installation du blog, 50 articles et un atelier de deux jours mais j'ai également abandonné cette idée car la valeur perçue ne semblait pas assez élevée par rapport à tous les inconvénients que la réalisation de cette offre allait nous occasionner (des mois de suivi de projet pour chaque client).

Au final il était juste prévu qu'un partenaire qui allait lancer une nouvelle formation la propose aux participants et que je touche des commissions d'affiliation sur les ventes.

C'était une solution qui ne me demandait aucun travail et qui me permettait de générer du chiffre d'affaires facilement à l'occasion de ce séminaire.
J'avais donc réservé une salle d'une capacité de 120 personnes dans un hôtel parisien et Jérémy et Samuel étaient arrivés la veille pour m'aider à préparer l'événement.
La nuit précédant le premier jour j'étais anxieux et j'ai mal dormi. Et si je faisais un flop ?
Quand le réveil a sonné je n'avais aucune envie de me lever, ce qui est amusant quand je repense à ce qui s'est passé par la suite !
On ouvrait la salle à 9 heures et le séminaire commençait à 9h30. Après avoir pris un petit déjeuner avec Samuel et Jérémy nous sommes entrés dans la salle à 8h30. Il n'y avait pas un chat et j'ai commencé à me dire qu'on allait peut-être faire un bide.

Je m'attendais à une soixantaine de personnes, et j'espérais que 80 personnes fassent le déplacement. Mais la salle s'est remplie rapidement et à 9h30 j'avais face à moi une petite centaine de personnes.

Étant rentré des États-Unis quelques jours auparavant j'avais eu peu de temps pour préparer le séminaire et j'avais donc fait

simple : j'avais fait les plans pour mes sessions de contenu mais je n'avais pas eu le temps de préparer mon intro, ce qui est très important pour bien démarrer un séminaire.
Pendant que les gens s'installaient je me suis mis à l'aise en échangeant quelques mots avec des participants assis aux premiers rangs. Quand tout le monde a été installé j'ai commencé à parler tout simplement et les gens se sont tus pour m'écouter.
J'ai raconté mon histoire et comment j'avais réussi à lancer mon entreprise sur Internet. J'ai expliqué ce qui allait se passer pendant ce séminaire et ensuite j'ai enchaîné sur une première session de contenu.

On a passé trois jours extraordinaires.

Pendant ces trois jours les intervenants se sont succédés : des clients ayant réussi qui sont venus témoigner (comme Christine de Oleassence.fr qui a enchanté tout le monde par sa générosité) et aussi des amis entrepreneurs (Cédric Annicette, Jean Sommer, Sébastien le Marketeur français, Olivier Roland, Laurent Chenot).
J'ai parlé de mon groupe mastermind aux États-Unis pour lequel je venais de signer à nouveau et à la fin du premier jour quelques personnes m'ont demandé pourquoi je ne créerais pas moi-même un groupe mastermind.

Les gens étaient enchantés par le séminaire et par les intervenants qui ont tous fait des présentations d'excellente qualité.
À la fin du troisième jour j'ai remercié tous les participants et mon équipe et l'émotion m'a littéralement coupé la parole. A ce moment-là toute la salle s'est levée pour m'applaudir.
Quel souvenir !

Le soir on a tout rangé et on est allés diner avec l'équipe. Je suis rentré chez moi en écoutant en boucle « la Bohème » de Charles

Aznavour dans la voiture avec la sensation d'avoir accompli quelque chose de grand.

Beaucoup de gens veulent du succès instantanément, mais qu'y a-t-il de plus beau que de travailler pendant des mois, quelques fois pendant des années, pour arriver à réaliser son rêve ? Quel accomplissement ! Quel bonheur !

J'ai repensé au fait que pendant le séminaire des gens nous avaient réclamé un mastermind à plusieurs reprises. Du coup j'ai décidé de faire une campagne pour vendre des places pour mon groupe mastermind.

Et j'avais justement la méthode qu'il fallait pour ça.

Andrei Parabellum, le plus grand maketeur russe, avait rejoint le groupe mastermind dont je faisais partie aux États-Unis cette année et avait partagé sa méthode pour vendre du coaching.
On a décidé de l'appliquer pour vendre mon mastermind.

J'ai donc envoyé un email assez long pour expliquer que je comptais créer un groupe mastermind, que c'était une belle opportunité mais que ce n'était pas pour tout le monde et que les gens intéressés devaient répondre à trois questions.
Ces questions nous ont permis de qualifier les gens sur leurs motivations.
On a ensuite appelé les plus motivés avec un script bien particulier et on a fait 14 ventes à 3 997 euros par an ou 397 euros par mois, ce qui fait un total de près de 60 000 euros de ventes. Pas mal pour un premier essai !

Un an et demi après avoir commencé à faire des séminaires j'avais accompli mon objectif de faire un gros événement à l'issue duquel je pourrais vendre un mastermind.

Comme d'habitude j'avais vendu le produit avant de l'avoir créé.
Maintenant il allait falloir délivrer.
Mon équipe et moi étions prêts à relever le défi.

Et maintenant ?

Aujourd'hui j'ai une entreprise qui génère environ 400 000 euros de chiffre d'affaires par an, une équipe de trois personnes qui travaille pour moi et je vis au soleil en Colombie.

Alors c'est quoi la suite ?

J'adore ce métier et j'ai envie d'aller encore plus loin. Je veux maîtriser mon art, relever d'autres défis et montrer que c'est possible d'y arriver en partant de zéro.
Je prends beaucoup de plaisir à accompagner mes clients. Que ce soit lors des webconférences, lors de mes séminaires ou à l'occasion des rencontres de mon groupe mastermind. C'est un vrai bonheur de les voir avancer et d'échanger avec eux.

Au niveau de mon entreprise je voudrais arriver à maîtriser la publicité pour générer encore plus de trafic.

En 2013 j'ai dépensé environ 5 000 euros en publicité sur Facebook et ces publicités n'étaient pas tout à fait rentables donc il faut que je trouve d'autres moyens. Cela me permettra également de faire porter mon message plus largement et de faire connaître au grand public ce que je propose.

J'envisage de créer une application mobile pour mon site de formation à l'anglais. Les applications mobiles sont parfaitement complémentaires d'un business basé sur un blog associé à de la vente de formations.

Il y a aussi la possibilité de lancer des applications en mode Saas (*software as a service*). Il s'agit d'un site Internet qui propose un service pour lequel on paye tous les mois. Aweber, le logiciel d'emailing que j'utilise, en est l'exemple parfait.
Ils ont plus de 120 000 clients qui payent un abonnement tous les mois et c'est une société très rentable.

En fait, à partir d'un certain volume d'abonnés votre société est rentable et tout ce que vous avez à faire c'est de réinvestir une partie des bénéfices pour développer le service et acquérir de nouveaux clients. De nombreux entrepreneurs ont fait fortune grâce à ce modèle.
À vrai dire j'ai déjà lancé un service de ce type.
À l'été 2013 j'ai lancé site-rapide.fr, un service qui permet de créer un blog Wordpress hébergé chez nous avec toutes les extensions nécessaires pour le webmarketing.
J'ai fait simplement une vidéo de vente et envoyé un email à ma liste et c'est ainsi que j'ai lancé le service auprès d'une trentaine d'utilisateurs.
Maintenant qu'on a validé le concept on va investir dans le développement de la plate-forme et dans le marketing.

Et puis je vais continuer à créer des produits d'information dans les domaines du développement personnel, du webmarketing et de l'apprentissage de l'anglais.

Je continue à aller aux États-Unis plusieurs fois par an pour me former aux techniques les plus pointues.

Ce ne sont pas les projets qui manquent.

À vrai dire le problème c'est plutôt de les choisir !

Sur le plan personnel je me suis marié avec Lorena et on va construire notre maison en Colombie.

Chaque jour qui passe j'ai l'impression de déjouer le système et de gagner ma liberté.

Ce n'est pas seulement une question de gagner sa vie ou de se sentir en sécurité. C'est une question d'accomplissement personnel.

Et vous ?

Est-ce que ces pages vous ont donné des idées ?
Vous l'aurez compris, avoir une entreprise sur Internet c'est pour moi le meilleur moyen de gagner sa vie. Si vous avez déjà une entreprise, Internet va vous permettre de développer votre activité. Et si vous voulez créer votre entreprise, créer un blog est le meilleur moyen de vous lancer.

Vous vous demandez peut-être par où commencer ?

Allez sur http://bloguer.tv/bonus pour recevoir gratuitement :

- **le plan étape par étape pour créer un blog rentable (PDF),**
- **une formation complète en vidéo pour créer un blog et le rentabiliser,**
- **les interviews en vidéo des personnes évoquées dans ce livre : Christine, Jean-Yves, Igor, Patrick, Vincent et Antoine.**

J'espère vous retrouver un jour quelque part au soleil.

À votre réussite et à votre liberté,

Aurélien Amacker

Bibliographie

Les livres qui m'ont inspiré :

Carnegie, Dale : *Comment se faire des amis*, Le Livre de poche, 1990.
Un livre que tout le monde devrait lire pour améliorer ses relations avec les autres.

Cialdini, Robert : *Influence et manipulation. Comprendre et maîtriser les mécanismes et les techniques de persuasion*, First, 2004.
Ce livre a été un déclic car il m'a permis de réaliser qu'il existait des techniques pour obtenir beaucoup plus des autres et donc avoir plus de succès.

Heath, Chip et Dan Heath : *Idées de génie*, Pearson, 2013.
Le livre à lire sur le marketing (la plupart des livres sur le marketing le citent en référence).

Hopkins, Claude : *Ma vie dans la publicité. Confessions d'un* publicitaire, version numérique, Club positif, 2014.
Hopkins, Claude : *la publicité scientifique*, version numérique, Club positif, 2013.
Un des précurseurs du marketing direct. À lire absolument pour se former dans le domaine.

Serling, Bob : *Power Copywriting for the Internet*
Disponible pour téléchargement à cette adresse : http://www.powercopywritingfortheinternetbybobserling.com/

Fried, Jason et David Heinemeier-Hansson : *Rework - réussir autrement*, Maxima, 2012.

Une autre manière de penser le travail.

Ries, Eric : *Lean Startup - adoptez l'innovation continue*, Pearson, 2012.
Une approche révolutionnaire pour lancer une startup, application web ou mobile

Blank, Steve et Bob Dorf : *Le manuel du créateur de start-up*, Diateino, 2013.
Steve Blank a été le mentor d'Eric Ries et il donne son approche pour développer une startup. Parfaitement complémentaire avec *The Lean Startup*

Laja, Peep : *How to Build Websites That Sell. The Scientific Approach to Websites*, livre numérique, Conversionxl.com.
Peep est un spécialiste de l'optimisation des conversions sur Internet et ce que j'adore dans ce livre c'est qu'il aborde à peu près tout (conversions, copywriting) d'une manière très facile à comprendre.

DeMarco, MJ : *The Millionaire Fastlane. Crack the Code to Wealth and Live Rich for a Lifetime*, Viperion.
Livre fascinant qui explique *comment* l'auteur a réussi son rêve de devenir millionnaire.

Ariely, Dan : *C'est (vraiment ?) moi qui décide*, Champs essais, 2012.
Des expériences frappantes qui montrent à quel point notre comportement peut paraître irrationnel mais est en fait totalement prévisible.

Webographie

Cela peut paraître paradoxal mais je lis peu de blogs (je préfère lire des livres ou suivre des formations). Voici cependant une liste de blogs qui m'ont inspiré :

Des livres pour changer de vie
http://www.des-livres-pour-changer-de-vie.fr/
Le blog d'Olivier Roland sur le développement personnel.

Business Attitude
http://www.businessattitude.fr/
Le blog de Cédric Annicette sur comment acquérir l'indépendance financière.

Esprit Riche
http://esprit-riche.com/
Le blog de Michael Ferrari sur comment gérer ses finances personnelles.

Table des matières

Achevé d'imprimer sur les presses de l'imprimerie Pulsio